Dieses Taschenbuch enthält neun Erzählungen aus einem Gebiet der englischen Literatur, das bei uns noch kaum als interessante eigenständige Welt wahrgenommen worden ist: aus Australien.

Die Sammlung ist ein bunter Bilder-Bogen von der Mitte des 19. bis in die Mitte des 20. Jahrhunderts, von der Zeit der Siedler bis in die Zeit moderner Geschäftsleute:

- eine gutmütige Anekdote aus der Kolonialzeit
- das großartig breit entwickelte Drama zwischen einem Farmer, seinem Hund und einem Buschmann, nebst einigen Komparsen
- eine fröhliche Familienszene
- ein Tiefsee-Taucher-Thriller auf Tod und Leben
- eine Tier-Groteske voller Situationskomik
- die Erzählung vom Prahlen und Scheitern eines einfachen Mannes
- die Geschichte eines eingeborenen Liedermachers und seiner Frau, die an einen weißen Goldgräber geraten
- der witzige Bericht von einem Kriegsgefangenen, der eine etwas verbummelte Farm in Ordnung bringt
- die Darstellung der Endrunde eines Bauern, dem die Welt fremd geworden ist.

Dem englischen Text steht in Paralleldruck die Übersetzung von Elisabeth Schnack gegenüber. Zu einigen Slang-Passagen konnte selbst die Großmeisterin der Übersetzung manchmal nur Vorschläge machen.

dtv zweisprachig · Edition Langewiesche-Brandt

English Short Stories · Australian authors

Englische Kurzgeschichten · Australische Autoren

Auswahl und Übersetzung von Elisabeth Schnack
Übersetzung des Patrick-White-Textes
von Annemarie und Heinrich Böll

dtv

Deutscher Taschenbuch Verlag

Oktober 1992
Deutscher Taschenbuch Verlag GmbH & Co. KG, München
Copyright-Nachweise Seite 216
Umschlaggestaltung: Celestino Piatti
Gesamtherstellung: Kösel, Kempten
ISBN 3-423-09298-x. Printed in Germany

Ernest Favenc

The Parson's Blackboy

The Rev. Joseph Simmondsen had been appointed by his Bishop to a cure of souls in the Far North, in the days when Queensland was an ungodly and unsanctified place. Naturally, the Rev. J., who was young, green, and zealous, saw a direct mission in front of him. His predecessor had never gone twenty miles outside the little seaport that formed the commercial outlet of the district; but this did not suit Joseph's eager temperament. Once he felt his footing and gained a little experience, he determined on a lengthened tour that should embrace the uttermost limits of his fold.

Now, although beset with the conceit and priggishness inseparable from the early stages of parsonhood, Simmondsen was not a bad fellow, and glimpses of his manly nature would at times peep out in spite of himself. This, without his knowledge, ensured him a decent welcome; and he got a good distance inland under most favourable auspices, for, the weather being fine; everybody was willing to lend him a horse or drive him along to the next station upon his route. The Rev. Joseph began to think that the roughness of the back country had been much exaggerated.

In due course he arrived at a station which we will call Upton Downs; beyond it there were only a few newly-taken-up runs. On Upton Downs they were busy mustering, and when the parson enquired about his way for the next day the manager looked rather puzzled. "You see," he said, "we are rather shorthanded, and I can't spare a man to send with you; at the same

Ernest Favenc
Der Reisebegleiter des Pfarrers

Zu der Zeit, als Queensland noch ein gottloses und unbekehrtes Land war, wurde der Reverend Joseph Simmondsen von seinem Bischof auf ein Hilfspfarramt im hohen Norden berufen. Der Reverend Joseph, jung, ahnungslos und eifrig wie er war, sah darin natürlich eine Aufgabe. Sein Vorgänger hatte sich keine zwanzig Meilen nach außerhalb des kleinen Seehafens begeben, der für den ganzen Bezirk den Markt und Absatzplatz darstellte; so etwas hätte jedoch Josephs umtriebiger Wesensart nicht gelegen. Sobald er Fuß gefaßt und ein wenig Erfahrungen gesammelt hatte, beschloß er eine längere Rundreise, die auch die äußersten Grenzen seiner Gemeinde umfassen sollte.

Nun war Simmondsen, obwohl auch er bedroht war von Dünkel und Selbstgefälligkeit, die untrennbar zu den Anfängen jungen Pfarrherrntums gehören, doch kein unangenehmer Mann, und Anzeichen seiner männlichen Natur konnten sich zeitweise gegen seinen Willen bemerkbar machen. Das sicherte ihm, ohne daß er darum wußte, einen freundlichen Empfang. Da das Wetter schön war, gelangte er, unter günstigsten Umständen, eine gehörige Strecke ins Hinterland. Jedermann lieh ihm gern ein Pferd oder fuhr ihn bis zum nächsten Halt auf seiner Reise. Der Reverend Joseph glaubte schon, daß ihm die rauhen Manieren des Hinterlandes reichlich übertrieben geschildert worden waren.

So kam er schließlich auch an einen Ort, den wir Upton Downs nennen wollen; dahinter lagen nur noch ein paar erst kürzlich eingerichtete Routen. In Upton Downs war man gerade sehr mit der Viehzählung beschäftigt, und als der Pfarrer sich nach der nächsten Tagesstrecke erkundigte, wurde der Verwalter ziemlich verlegen. «Im Augenblick kann ich kaum jemand entbehren, den ich Ihnen mitgeben könnte», sagte er, «da wir Mangel an Hilfs-

time the track from here to Gundewarra is not very plain, and I am afraid you might not be able to follow it. However, I will see what I can do."

Mr. Simmondsen was retiring to rest that night when a whispered conversation made itself audible in the next room. No words were distinguishable, but from the sounds of smothered laughter a good joke seemed to be in progress.

"I think I can manage for you," said the manager at breakfast next morning. "When you leave here you will go to Gundewarra, twenty-five miles. From there it is thirty-five miles to Bilton's Camp, and ten on to Blue Grass. From Blue Grass you can come straight back here across the bush, about forty miles. I will lend you a blackboy who knows the country well and will see you round safely."

The young clergyman thanked his host, and, after breakfast, prepared to leave. The blackboy, a good-looking little fellow arrayed in clean moles and twill shirt, was in attendance with a led pack-horse, and the two departed.

For some miles the Reverend Joseph improved the occasion by a little pious talk to the boy, who spoke fairly good English, and showed a white set of teeth when he laughed, as he constantly did at everything the parson said. At midday they camped for an hour on the bank of a lagoon, in which Mr. Simmondsen had a refreshing swim. In the evening they arrived at their destination, and received the usual welcome.

"I see you adapt yourself to the customs of the country," said his host at mealtime, and a slight titter went round the table. The Rev.

kräften haben; andrerseits ist die Wagenspur von hier nach Grundewarra nicht sehr deutlich, und ich fürchte, Sie könnten sie verfehlen. Doch will ich sehen, was sich machen läßt.»

Mr. Simmondsen zog sich in das Zimmer zurück, in dem er übernachten sollte, wurde aber auf eine getuschelte Unterhaltung aufmerksam, die im Nebenzimmer stattfand. Worte konnte er nicht unterscheiden, doch, nach dem unterdrückten Lachen zu schließen, wurde ein guter Witz erzählt.

«Ich glaube, ich kann Ihnen behilflich sein», sagte der Verwalter am nächsten Morgen beim Frühstück. «Von hier haben Sie fünfundzwanzig Meilen bis Gundewarra. Von dort sind's fünfunddreißig Meilen zu Biltons Camp und dann noch zehn Meilen nach Blue Grass. Von Blue Grass können Sie schnurgerade durch den Busch hierherzurückkommen, das sind etwa vierzig Meilen. Ich leihe Ihnen einen eingeborenen Diener, der die Gegend gut kennt und Sie wohlbehalten zurückführt.»

Der junge Geistliche dankte seinem Gastgeber und schickte sich nach dem Frühstück zum Aufbruch an. Der schwarze Diener, ein hübscher kleiner Bursche, der saubere Barchenthosen und ein Köperhemd anhatte, sorgte für ein Packpferd, und die beiden reisten ab.

Während einiger Meilen benutzte Reverend Joseph die Gelegenheit, ein frommes kleines Gespräch mit dem Burschen anzuknüpfen, der recht nett Englisch sprach und blitzend weiße Zähne zeigte, wenn er lachte, und lachen tat er über alles, was der Pfarrer sagte.

Um die Mittagszeit rasteten sie eine Stunde lang am Ufer einer Lagune, in welcher der Reverend ein erfrischendes Bad nahm. Am Abend kamen sie an ihrem Bestimmungsort an und wurden wie üblich willkommen geheißen.

«Wie ich sehe, passen Sie sich den Sitten des Landes an», sagte sein Gastgeber während des Essens, und ein unterdrücktes Lachen lief um den Tisch. Der Reverend

Joseph joined in, taking it for granted that his somewhat unclerical garb was alluded to. In reply to enquiries he was informed that Bilton's Camp was a rough place, and Blue Grass even worse; and he was pleased to hear it, for until then his path had been too pleasant altogether; he hadn't had a chance to reprove anybody.

Bilton's Camp proved to be indeed a rough place. The men were civil, however, and as the parson had taken another exhilarating bath at the midday camp he appreciated the rude fare set before him; although here, as at the other place, there seemed to be a joke floating about that made everybody snigger.

The next day's journey, to Blue Grass, was but a short stage, and as the reverend gentleman had by this time become very friendly with Charley, the blackboy, the two rode along chatting pleasantly until they came somewhat unexpectedly on the new camp.

A very greasy cook and two or three gins in dilapidated shirts were the only people at home, and they stood open-eyed to greet the stranger.

Although Mr. Simmondsen had suited his attire to his surroundings, he still retained enough of the clerical garb to signify his profession. The cook, therefore, at once took in the situation, and invited the parson under the tarpaulin which did temporary duty as a hut.

He informed his visitor, at whom he looked rather curiously, that "everyone" was away, camped out, and that no one would return for a couple of days; that he was alone, excepting for two men who were at work in a yard a short distance off, and who would be in to dinner; in
10 fact, they came up while he was speaking. Mr.
11 Simmondsen took a great interest in this, the

stimmte ein, da er überzeugt war, die Bemerkung beziehe sich auf sein ungeistliches Gewand. Als Antwort auf seine Erkundigungen wurde ihm mitgeteilt, daß in Biltons Camp ein rauhes Lüftchen wehe, und in Blue Grass gehe es noch schlimmer zu; er freute sich jedoch, es zu hören, denn bisher war seine Reise viel zu angenehm verlaufen. Er hatte keinen Anlaß gehabt, jemanden zu rügen.

Biltons Camp erwies sich nun wirklich als primitiv; die Männer dort waren aber höflich, und da der Pfarrer bei der Mittagsrast wieder ein erfrischendes Bad genommen hatte, wußte er die rauhe Kost, die ihm nun vorgesetzt wurde, sehr zu schätzen, obwohl auch hier, genau wie am vorigen Abend, ein Spaß in der Luft zu hängen schien, über den jeder kicherte.

Der Treck nach Blue Grass am folgenden Tag war nur kurz, und da der Herr Pfarrer mittlerweile ein sehr freundliches Verhältnis zu Charley dem Eingeborenen, hatte, ritten sie fröhlich plaudernd ihres Weges und stießen ganz unerwartet auf das neue Camp.

Ein sehr schmieriger Koch und zwei oder drei Eingeborenenweiber in zerlumpten Hemden waren die einzigen, die zu Hause geblieben waren, und die standen mit weit aufgerissenen Augen da, um den Fremden zu begrüßen.

Obwohl Mr. Simmondsen seine Kleidung den hiesigen Gepflogenheiten angepaßt hatte, behielt er doch so viel vom geistlichen Gewand bei, daß sein Beruf angedeutet war. Der Koch erfaßte daher die Lage im Nu und lud den Pfarrer höflich ein, unter das Zeltdach zu treten, das einstweilen als Hütte dienen mußte.

Er erzählte seinem Besucher, den er ziemlich neugierig betrachtete, daß «alle» weg seien und außerhalb übernachteten und erst nach einigen Tagen zurückkehren würden; er sei allein, abgesehen von zwei Männern, die in einiger Entfernung auf einer Koppel arbeiteten; sie würden zum Essen ins Camp kommen. Sie kamen sogar schon etwas vorher, während er noch sprach. Mr. Simmondsen interessierte sich für alles, da es die erste echte

first real "outside" camp he had seen; and as the two bushmen had gone down to the creek for a wash, and the cook was busy preparing a meal, he called Charley to ask him a few questions.

"What are these black women doing about the place, Charley?"

"O! all about missus belongah whitefellow," was the astonishing reply.

It was some moments before Joseph could grasp the full sense of this communication; then he considered it his duty to read these sinners a severe lecture, and prepared one accordingly.

"Do you not understand," he said, when the three men were together, "the trespass you are committing against both social and Divine laws? If you do not respect one, perhaps you will the other."

The cook stared at the bushmen in blank amazement, and the bushmen at the cook.

"I allude to these unfortunate and misled beings," said the parson, waving his hand towards the half-clad gins.

A roar of laughter was the reply. "Blest if that doesn't come well from *you*!" said the cook, when he could speak. The others chuckled in acquiescence.

"What do you mean?" said the indignant Joseph; "I speak by right of my office."

"Sit down and have some tucker," said the cook; "you're not a bad sort, I can see; but don't come the blooming innercent!"

The indignant pastor refused. He saw that his words were treated lightly, that no one would listen to him, and he left in high dud-
12 geon. – Charley had told him that there was
13 a good lagoon about twelve miles on the road

Außenstation war, die er je gesehen hatte, und weil die beiden Männer zum Waschen an den Fluß gegangen waren und der Koch damit beschäftigt war, die Mahlzeit vorzubereiten, rief er Charley herbei, um ihm ein paar Fragen zu stellen.

«Was haben die schwarzen Frauen hier zu tun, Charley?»

«Oh, Frauen gehören überall zu weiße Mann», war die überraschende Antwort.

Es dauerte einige Augenblicke, bis Joseph den vollen Sinn dieser Mitteilung erfaßte; dann hielt er es für seine Pflicht, den Sündern eine kräftige Lektion zu erteilen, und hatte auch eine bei der Hand.

«Versteht ihr nicht», sagte er, als die drei Männer beisammen waren, «daß ihr sowohl gegen menschliches wie gegen göttliches Gesetz verstoßt? Wenn ihr das eine nicht respektieren wollt, dann doch wenigstens das andre!»

Der Koch starrte die beiden Siedler in ratlosem Nichtbegreifen an, und die beiden Siedler starrten erstaunt auf den Koch.

«Ich meine die beiden unglücklichen, irregeführten Geschöpfe dort drüben», sagte der Pfarrer und zeigte auf die halb bekleideten Eingeborenenweiber.

Brüllendes Gelächter war die Antwort. «Verdammt lustig, daß so was ausgerechnet von Ihnen kommt!» sagte der Koch, als er die Sprache wiedergefunden hatte. Die andern kicherten beifällig.

«Was meinen Sie damit?» fragte der empörte Joseph. «Ich spreche kraft meines Amtes!»

«Setzen Sie sich, und langen Sie zu!» rief der Koch. «Sie sind kein übler Bursche, scheint mir – aber spielen Sie nicht den Unschuldigen!»

Der Pfarrer lehnte es unwillig ab, mit ihnen zu essen. Er sah, daß seine Worte leichtfertig aufgenommen wurden und daß keiner auf ihn hören wollte; so verließ er sie in großem Zorn. – Charley hatte ihm erzählt, auf dem Rückweg nach Upton Downs kämen sie nach etwa zwölf

back to Upton Downs; he would go on there and camp – they had plenty of provisions on the packhorse – and taking his bridle and calling the boy he went to catch his horse.

As he came back he overheard the fag-end of a remark the cook was making to the others. "They came round the end of the scrub chatting as thick as thieves, and when I seed who it was – Lord! you could have wiped me out with one hand."

This was worse than Greek to the Rev. Joseph. Greek he might have understood. In spite of a humble apology from the delinquent, he departed, and near sundown arrived at the lagoon Charley had spoken of. It was a lovely spot. One end was thick with broad-leaved water-lilies, but there was a clear patch at the other end promising the swim the good parson enjoyed so much.

When the tent was pitched he stood in Nature's garb about to enter the water, when Charley called to him. Pointing towards the lilies he told Mr. Simmondsen that he would get him some seed-pods which the blacks thought splendid eating. The clergyman had only got up to his waist when he heard a plunge behind him and saw Charley's dark form half splashing, half swimming towards the lilies. Presently his head emerged from a dive, and he beckoned towards the clergyman to come over and taste the aboriginal luxury. The Rev. Joseph paddled lazily over and investigated. The seed-pods proved of very pleasant flavour, and as the sun was nearly down, Mr. Simmondsen wended his way to the bank and emerged in the shallow water, with Charley a few paces behind him. For some reason he looked back. Shocking

Meilen zu einer sauberen Lagune; dort wollte er zelten – sie hatten reichlich Vorräte auf dem Packpferd –, und nun nahm er sein Zaumzeug und rief dem Jungen zu, er solle sein Pferd holen.

Als er zurückkehrte, schnappte er noch den Rest einer Bemerkung auf, die der Koch zu den anderen gemacht hatte. «Sie kamen aus dem Busch und schwatzten wie die dicksten Freunde miteinander, und als ich sah, wer's war, da hätt mich doch, weiß Gott, fast der Schlag getroffen!»

Für den Reverend Joseph klang es unverständlicher als Griechisch. Griechisch hätte er vielleicht sogar verstanden. – Trotz einer demütigen Entschuldigung von seiten des Missetäters brach er also auf, und sie gelangten bei Sonnenuntergang zu der Lagune, von der Charley gesprochen hatte. Es war ein reizendes Fleckchen. Ein Teil des Wassers war dicht mit breitblättrigen Seerosen bedeckt, aber am andern Ende war eine freie Stelle, die zum Schwimmen geeignet schien, worauf sich der gute Pfarrer schon so gefreut hatte.

Bald war das Zelt aufgeschlagen, und er stand im Adamskostüm da und wollte ins Wasser gehen, als Charley ihn rief. Er deutete auf die Seerosen und erzählte Mr. Simmondsen, er wolle ihm ein paar Samenhülsen holen, denn die Schwarzen wüßten, daß sie köstlich schmeckten. Der Geistliche war erst bis zu den Hüften im Wasser, als er hinter sich das Aufklatschen hörte und dann sah, wie Charley halb strampelnd und halb schwimmend auf die Seerosen lossteuerte. Bald tauchte ein Kopf aus dem Wasser auf; Charley winkte dem Geistlichen, zu ihm hinüberzukommen und die Eingeborenenleckerbissen zu kosten. Reverend Joseph schwamm gemächlich zu ihm hin. Die Seerosenkapseln hatten tatsächlich einen sehr angenehmen Geschmack. Da die Sonne nun fast untergegangen war, hielt Mr. Simmondsen aufs Ufer zu und kam dann im flachen Wasser auf die Füße zu stehen. Aus irgendeinem Grund sah er sich um. Entsetzliche Bescherung!

predicament! There was no shirking the fact; all the quiet laughter about "the customs of the country", the unexplained allusions, the ribald manner of the cook, were intelligible in a flash. Charley was a woman!

The wicked manager of Upton Downs had started him on his travels with ("after the custom of the country") a black gin dressed in boy's clothes as a valet, and that gin had been recognized by everyone on the road. Mr. Simmondsen thought of the past and blushed. The night was spent in fervent prayer.

"My dear sir," said Davis, the super. of Upton Downs, "I did the best I could for you. Charlotte is as good as any blackboy, and knows all the country round here. Now, own up, didn't she look after you well?"

"You forget the scandal that may arise," said the Rev. Joseph Simmondsen.

"Lord, man! who cares about what is done out here? Nobody will ever hear of it."

Davis was wrong. Everybody did hear of it. The Rev. Simmondsen received indignant letters from his Bishop, his churchwardens, several missionary societies, and, last and worst, a letter of eternal farewell from the young lady to whom he was engaged to be married. Fortunately he inherited some money at the time, so he did the best thing possible – threw up the Church, went into squatting, and is now one of the most popular men in this district.

Doch die Tatsache ließ sich nicht aus der Welt schaffen: all das verstohlene Lachen wegen der «Sitten des Landes» alle unerklärlichen Anspielungen und die dreiste Art des Kochs wurden ihm blitzschnell klar. Charley war eine Frau!

Der vermaledeite Verwalter von Upton Downs hatte ihm nach «Landessitte» eine schwarze Eingeborenenfrau in Jungenkleidung auf die Reise mitgegeben, und diese Frau war von allen Leuten entlang seiner Reiseroute erkannt worden. Mr. Simmondsen dachte an die Reisetage und errötete. Die Nacht verbrachte er in inbrünstigem Gebet.

«Aber mein lieber Herr», sagte der Verwalter von Upton Downs, «ich habe mein möglichstes für Sie getan. Charlotte ist genau so tüchtig wie ein schwarzer Bursche, und sie kennt die ganze Gegend. Müssen Sie nicht selber zugeben, daß sie gut für Sie gesorgt hat?»

«Sie denken wohl nicht an den Skandal, der daraus entstehen kann», sagte der Reverend Joseph Simmondsen.

«Lieber Himmel», rief der Verwalter, «wer kümmert sich drum, was hier draußen vor sich geht? Kein Mensch wird je etwas davon erfahren.»

Davis täuschte sich. Alle Welt hörte davon. Der Reverend Simmondsen erhielt empörte Briefe von seinem Bischof, vom Kirchenältesten, von mehreren Missionsgesellschaften und, was das Schlimmste war, einen Abschiedsbrief von der jungen Dame, mit der er verlobt war. Glücklicherweise erbte er um die Zeit etwas Geld, daher tat er das Klügste, was er tun konnte: er ließ die Kirche Kirche sein, wurde Siedler und Herdenbesitzer und ist jetzt einer der beliebtesten Männer im ganzen Bezirk.

Along the selvedge of the scrub-girt plain the old man looked long and earnestly. His eyes followed an indistinct track that had been cut by the cart, journeying at rare intervals to the distant township. At dawn some weeks back it had creaked across the plain, and, at a point where the scrub curved, the husband had stopped the horse while the woman parted the tilt and waved good-bye to the bent, irresponsive old man and his dog. It was her impending motherhood that made them seek the comparative civilization of the township, and the tenderness of her womanhood brought the old man closer to her as they drove away.

Every week since that morning had been carefully notched by man and dog, and the last mark, cut three nights past, showed that time was up. Twice this evening he thought he saw the dust rise as he looked, but longer scrutiny showed only the misty evening light.

He turned to where a hut stood out from a background of scrub. Beside the calf-pen near it, a cow gave answer and greeting to the penned calf. "No use pennin' up ther calf," he muttered, "when they don't come. Won't do it ter-morrer night." He watched anxiously along the scrub. "Calf must 'ave got 'is 'ed through ther rails an' sucked 'er. No one else can't 'ave done it. Scrammy's gorn; 'twarn't Scrammy." But the gloom of fear settled on his wizened face as he shuffled stiffly towards the sheep-yard.

His body jerked; there was a suggestion of

Barbara Baynton
Stummelhand

Der alte Mann spähte lange und ernst den Saum der Ebene entlang, die dann in Busch überging. Seine Augen folgten einer undeutlichen Spur, die von einem Karren eingedrückt worden war, wenn er – selten genug – zur fernen Siedlung fuhr. Vor einigen Wochen war der Karren beim Morgengrauen quietschend durch die Ebene gezogen, und an einer Stelle, wo der Busch sich vorschob, hatte der junge Mann das Pferd angehalten, und die Frau hatte das Verdeck zur Seite geschoben und die Hand herausgestreckt, um dem regungslosen gebeugten alten Mann und seinem Hund ein Lebewohl zuzuwinken. Ihre bevorstehende Mutterschaft zwang sie, die verhältnismäßig zivilisierte Siedlung aufzusuchen; die Sanftmut der mütterlichen Frau brachte ihr den alten Mann näher, je weiter sie sich entfernten. Seit jenem Morgen war jede Woche von dem alten Mann sorgsam durch Kerben verzeichnet worden; die letzte Kerbe, vor drei Tagen angebracht, zeigte ihnen – dem alten Mann und seinem Hund –, daß die Zeit um war. Am heutigen Abend hatte er schon zweimal geglaubt, er könne Staub aufsteigen sehen, als er Ausschau hielt, doch bei längerem Spähen zeigte es sich, daß es nur das dunstige Abendlicht war.

Er wandte sich dorthin, wo sich vor einem Hintergrund aus Gestrüpp eine Schäferhütte abzeichnete. Am Kälberpferch stand eine Kuh und muhte hin und her mit ihrem eingesperrten Kälbchen. «Hat keinen Zweck, das Kalb einzusperren, wenn sie doch nicht kommen», murrte er. «Morgen tu ich's nicht wieder.» Er spähte besorgt das Gestrüpp entlang. «Das Kalb wird den Kopf durch die Stäbe gesteckt und sich satt getrunken haben. Sonst kann's keiner gewesen sein. Stummelhand ist weg. Stummelhand war's nicht.» Doch die Furcht verdüsterte sein runzeliges Gesicht, als er steifbeinig zum Schafpferch schlurfte.

Sein Körper schwankte. Seine Bewegungen erinnerten

the dog in his movements; and in the dog, as he rounded up the sheep, more than a suggestion of his master. He querulously accused the dog of "rushin' 'em, 'stead er allowin' Billy (the leader) to lead 'em."

When they were yarded he found fault with the hurdles. "Some 'un 'ad been meddlin' with 'em." For two pins he would "smash 'em up with ther axe."

The eyes of the sheep reflected the haze-opposed glory of the setting sun. Loyally they stood till a grey quilt swathed them. In their eyes glistened luminous tears materialized from an atmosphere of sighs. The wide plain gauzed into a sea on which the hut floated lonely. Through its open door a fire gleamed like the red, steaming mouth of an engine. Beyond the hut a clump of myalls loomed spectral and wraith-like, and round them a gang of crows cawed noisily, irreverent of the great silence.

Inside the hut, the old man, still querulous, talked to the listening dog. He uncovered a cabbage-tree hat – his task of the past year – and laid upside down, on the centre of the crown, a star-shaped button that the woman had worked for him.

"It's orl wrong, see!" The dog said he did. "'Twon't do!" he shouted with the emphasis of deafness. The dog admitted that it would not. "An' she done it like thet, ter spile it on me 'er purpus. She done it outer jealersy, 'cos I was makin' it for 'im. Could 'ave done it better meself, though I'm, no 'and at fancy stitchin'. But she can't make a 'at like thet. No woman could. They're no good." The dog did not dispute this
20 condemnation.

21 "I tole 'er ter put a anker jes' there," he

an seinen Hund, und der Hund, der jetzt die Schafe zusammentrieb, erinnerte in mehr als einer Hinsicht an seinen Herrn. Mißmutig tadelte der Alte den Hund, er hetze die Schafe, anstatt dem Leithammel Billy die Führung zu überlassen.

Als die Schafe untergebracht waren, hatte er an den Hürden etwas auszusetzen. «Da hat sich einer dran zu schaffen gemacht! Am liebsten würd ich sie mit der Axt zusammenschlagen!»

Die Augen der Schafe spiegelten den dunstdurchdringenden Glanz der untergehenden Sonne. Sie standen getreulich still, bis graue Nebelschwaden sie einhüllten. In ihren Augen blinkten blanke Tränen: gestaltgewordene Seufzer. Die weite Ebene versank in einem Nebel-Meer, auf dem einsam die Hütte schwebte. Durch die offene Tür glomm ein Feuer – wie der rote, dampfende Schlund einer Maschine. Hinter der Hütte ragte gespenstisch und geisterhaft eine Gruppe von Myall-Bäumchen auf, und eine Krähenschar umkrächzte sie lärmend und ohne Rücksicht auf die große Stille.

In der Hütte sprach, immer noch maulend, der alte Mann mit seinem aufmerksamen Hund. Er packte einen Palmfaserhut aus – seine Handarbeit vom vergangenen Jahr –, und obendrauf legte er, mit der verkehrten Seite nach oben, einen sternförmigen Zierknopf, den die Frau ihm gestickt hatte.

«Siehst du wohl, daß er nicht paßt?» Der Hund bestätigte es. «Er ist nicht richtig!» schrie er mit der Lautstärke des Schwerhörigen. Der Hund gab zu, daß er nicht richtig sei. «Und sie hat ihn absichtlich so gemacht, um mir alles zu verderben. Sie hat's aus Eifersucht getan, weil ich den Hut für *ihn* geflochten habe. Da hätt ich es selber besser gemacht, wenn ich auch nicht besonders gut sticken kann. Aber solchen Hut brächte sie nie zustande, sowas kann keine Frau. Drauf verstehn sie sich nicht.» Der Hund zweifelte das Verdammungsurteil nicht an.

«Ich hab ihr gesagt, da soll sie mir einen Anker hin-

continued. He pointed to the middle of the button which he still held upside down. "Thet's no anker!" The dog subtly indicated that there was another side to the button. "There ain't," shouted the old man. "What do you know about an anker; you never see a real one on a ship in yer life!" There was an inaudible disparaging reference to "imperdent kerloneyals" which seemed to crush the dog. To mollify him the man got on his knees and, bending his neck, showed the dog a faded anchor on the top of the cabbage-tree hat on his head. A little resentment would have served the dog, but he was too eager for peace.

Noting this, the old man returned to the button for reminiscences. "An' yet you thort at fust a thing like thet would do." There was a sign of dissent from the dog. "Yer know yer did – Sir. An' wot's more yer don't bark at 'er like yer used ter!"

The dog was uneasy, and intimated that he would prefer to have that past buried.

"None er thet now; yer know yer don't." Bending the button he continued. "They can't never do anythin' right, an' orlways, continerally they gets a man inter trouble."

He had accidentally turned the button, he reversed it, looking swiftly at the dog. "Carn't do nothin' with it. A thing like thet! Might as well fling it in the fire!" He put it carefully away.

"W'ere's 'e now?" he asked abruptly. The dog indicated the route taken by the cart.

"An' 'ow long as 'e bin away?" The dog looked at the tally-stick hanging on the wall.
22 "Yes, orl thet time! What does 'e care about
23 me an' you, now 'e's got 'er! 'E was fust rate

sticken», fuhr er fort und hielt noch immer den Zierknopf mit der verkehrten Seite nach oben. «'s ist gar kein Anker da.» Der Hund deutete vorsichtig an, daß der Knopf noch eine andere Seite haben könnte. «Es ist keiner da!» rief der alte Mann. «Was weißt du schon von einem Anker? Du bist doch nie in deinem Leben auf einem Schiff gewesen.»

In diesen Worten lag kaum merklich eine Verunglimpfung der «verfluchtigten Kolonialisten», die den Hund anscheinend verdroß. Um ihn zu begütigen, kniete der alte Mann sich hin, senkte den Kopf und zeigte dem Hund den verblaßten Anker auf seinem eigenen Hut. Bei dem Hund war eine kleine Verstimmung geblieben, aber er war doch im Grunde friedfertig.

Der alte Mann merkte das und wandte sich wieder dem neuen Knopf zu, um sich weiter zu erinnern. «Und dabei hast du erst gedacht, so ein Ding wäre gut genug!» Der Hund schien anderer Meinung zu sein. «Doch, du hast's getan – streit's nicht ab. Und überhaupt bellst du sie jetzt nie mehr an wie früher!»

Dem Hund war es peinlich, und er schien anzudeuten, daß es ihm lieber wäre, die Vergangenheit zu begraben.

«Widersprich mir nicht! Du weißt es ganz genau!» Er bog an dem Knopf herum und fuhr fort: «Nie können sie was richtig machen, und immer und ewig müssen sie den Männern zur Last fallen.»

Aus Versehen hatte er den Knopf umgedreht, drehte ihn aber wieder zurück und warf dabei rasch einen Blick auf den Hund. «Ich kann wirklich nichts damit anfangen. Mit so einem Ding! Könnt's ebensogut ins Feuer schmeißen!» Er verwahrte ihn sorgfältig.

«Wo ist er jetzt?» fragte er plötzlich. Der Hund blickte in die Richtung, die der Karren eingeschlagen hatte.

«Und wie lange ist er schon weg?» Der Hund blickte auf den Kerbstock, der an der Wand hing. «Ja, die ganze Zeit schon. Was kümmert er sich wohl um dich oder mich, seit er sie hat! Ehe er sie hatte, war er wirklich gut.

afore 'e got 'er. Wish I 'ad er gorn down thet time 'e took their sheep. I'd er seen no woman didn't grab 'im. They're stuck away down there an' us orl alone 'ere by ourselves with only ther sheep. Scrammy sez 'e wouldn't stay if 'e wus me. See's there any signs er 'em comin' back!"

While the dog was out he hastily tried to fix the button, but failed. "On'y mist, no dust?" he asked, when his messenger returned. "No fear," he growled, "'e won't come back no more; stay down there an' nuss ther babby. I'll be a gal too, sure to be! Women are orlways 'avin' gals. It'll be a gal sure enough."

He looked sternly at the unagreeing dog. "Yer don't think so! Course yer don't. You on 'er side? Yer are, Loo!"

The dog's name was "Waderloo" (Waterloo) and had three abbreviations. "Now then, War!" meant mutual understanding and perfect fellowship. "What's thet, Warder?" meant serious business. But "Loo" was ever sorrowfully reminiscent. And accordingly "Loo" was now much affected and disconcerted by the steady accusing eyes of the old man.

"An' wot's more," he continued, "I believe ye'll fool roun', ye'll fool aroun' 'er wusser nor ever w'en she comes back with ther babby." At this grave charge the dog, either from dignity or injury, was silent. His master, slowly and with some additions, repeated the prophecy, and again the dog gave him only silent attention.

"'Ere she comes with ther babby," he cried, flinging up his arms in clumsy feigned surprise. Loo was not deceived, and stood still.

"Oh, I'm a ole liar, am I? Yit's come ter thet,

Ich wünschte, ich wär damals mitgegangen, als er die Schafe weggebracht hat. Ich hätt schon aufgepaßt, daß ihn mir keine Frau wegnimmt. Jetzt sitzen sie da unten und lassen uns ganz allein mit den Schafen. Stummelhand sagt, er würd nicht hierbleiben, wenn er an meiner Stelle wär. Sieh mal nach, ob du nicht ein Zeichen siehst, daß sie kommen!»

Während der Hund draußen war, versuchte er hastig, den Zierknopf anzubringen, doch es gelang ihm nicht. «Nur Nebel – und kein Staub?» fragte er, als der Kundschafter zurückkehrte. «Ich sag's ja immer, der kommt nicht wieder. Sie bleiben unten und ziehen ihr Baby auf. Bestimmt ist es ein Mädchen. Frauen bekommen immer bloß Mädchen. Bestimmt ist's ein Mädchen.»

Er sah streng auf den Hund, der ihm nicht beipflichtete. «Du glaubst mir nicht? Natürlich! Bist du auf ihrer Seite? Klar, das bist du, Loo!»

Der Hund hieß Waterloo und wurde mit drei Abkürzungen gerufen. «Ja, ja, War!» bedeutete gegenseitiges Einverständnis und wunderbare Kameradschaft. «Was soll das, Warder?» klang bedrohlich. Aber «Loo» bedeutete stets trübselige Erinnerung. Dementsprechend war «Loo» jetzt durch die festen, vorwurfsvollen Blicke des alten Mannes ganz gerührt und verwirrt.

«Und was schlimmer ist», fuhr der alte Mann fort, «wenn sie mit dem Baby wiederkommt, dann wirst du sie wohl umschwänzeln, dann wirst du sie noch schlimmer als vorher umschwänzeln, glaub ich!» Diesen schweren Vorwurf nahm der Hund schweigend entgegen, entweder um seine Würde zu behaupten oder weil er gekränkt war. Sein Herr wiederholte die Prophezeiung mit einigen Ausschmückungen, und wieder hörte der Hund nur stumm zu.

«Ho, da kommt sie mit dem Baby!» schrie er und warf in ungeschickt gespielter Überraschung die Arme in die Höhe. Loo ließ sich nicht täuschen und stand still.

«Och, ich bin ein alter Lügner, was? Ist schon weit mit

ez it? Well, better fer I ter be a liar 'n fer you ter lose yer manners – Sir."

In vain Loo protested. His master turned round, and when poor Loo faced that way he drew his feet under him on the bunk, and faced the wall. When the distressed Loo, from outside the hut, caught his eye through the cracks, he closed his own, to stifle remorse at the eloquent dumb appeal.

Usually their little differences took some time to evaporate; the master sulked with his silent mate till some daring feat with snake or dingo on the dog's part mollified him. Loo, probably on the lookout for such foes, moved to the end of the hut nearest the sheep. Two hasty squints revealed his departure, but not his whereabouts, to the old man, who coughed and waited, but for once expected too much from poor Loo. His legs grew cramped, still he did not care to make the first move. It was a godsend when an undemonstrative ewe and demonstrative lamb came in.

Before that ewe he held the whole of her disgraceful past, and under the circumstances, "'er imperdence – 'er blarsted imperdence!" in unceremoniously intruding on his privacy with her blanky blind udder, and more than blanky bastard, was something he could not and would not stand.

"None er yer sauce now!" He jumped down, and shook his fist at the unashamed, silent mother. "Warder," he shouted, "Warder, put 'em out!"

Warder did so, and when he came back his master explained to him that the thing that "continerally an' orlways" upset him was "thet dam ole yeo." It was the only sorrow he had

mir gekommen! Immerhin besser, wenn ich ein Lügner bin, als wenn du deine Manieren verlierst, mein Herr.»

Loo protestierte vergebens. Sein Herr drehte sich um, und als der arme Loo dabei zusah, zog er die Füße hoch, auf die Pritsche, und schaute gegen die Wand. Und als der betrübte Loo von außen durch einen Spalt nach ihm spähte, schloß sein Herr die Augen, um keine Gewissensbisse aufkommen zu lassen, die der beredt flehentlich stumme Blick bewirken könnte.

Meistens dauerte es einige Zeit, bis ihre kleinen Meinungsverschiedenheiten verflogen. Der Herr schmollte mit seinem stummen Kameraden, bis eine kühne Tat des Hundes – gegen eine Schlange oder einen Wildhund – ihn versöhnte. Loo, der wahrscheinlich nach solchen Feinden ausschaute, ging an die Wand in Richtung der Schafe. Ein rasches Blinzeln ließ erkennen, daß Loo nicht mehr da war – doch nicht, wo er steckte. Der alte Mann hustete und wartete; diesmal hatte er zu viel von dem armen Loo erwartet. Er bekam einen Krampf in den Beinen, konnte sich aber immer noch nicht dazu entschließen, den ersten Schritt zu tun. Es war wirklich ein Segen, als ein bescheidenes Mutterschaf und ein gar nicht bescheidenes Lamm zur Tür hereinspazierten.

Angesichts des Mutterschafs fiel ihm dessen ganze unrühmliche Vergangenheit ein, und daß sie – «solche Unverschämtheit, verdammte Unverschämtheit!» – mit ihrem leeren Euter und ihrem verdammten Bastard so ungezwungen in seine Abgeschiedenheit einzudringen wagte, war mehr, als er ertragen konnte und wollte.

«Jetzt ist's aber Schluß mit deiner Frechheit!» Er sprang von der Pritsche, drohte der unverschämt verstockten Mutter mit der Faust und schrie: «Warder! Heh, Warder, wirf sie raus!»

Warder tat es, und als er zurückkehrte, erklärte ihm sein Herr, daß er sich über die «verfluchte alte Schafmutter» dauernd und immer wieder aufrege. Sie sei der einzige Kummer, den er je im Leben hatte und noch haben

or ever would have in life. "She wusn't nat'ral, thet ole yeo." There was something in the Bible, he told War, about "yeos" with barren udders. "An' 'twarn't as though she didn't know." For that was her third lamb he had had to poddy. But no another bite would he give this one. He had made up his mind now, though it had been "worritin'" him all day. "Jes' look at me," showing his lamb-bitten fingers. "Wantin' ter get blood outer a stone!"

He shambled round, covered the cabbage-tree hat and the despised woman-worked button carefully; then his better nature prevailed. "See 'ere!" and there was that in his voice that indicated a moral victory. He took off the cloth and placed the button right side up and in its proper place. "Will thet do yer?" he asked.

After this surrender his excitement was so great that the dog shared it. He advised War to lie down "an' 'ave a spell", and in strong agitation he went round the sheep-yard twice, each time stopping to hammer down the hurdles noisily, and calling to War not to "worrit; they's orlright now, an' firm as a rock".

Through these proceedings the ewe and lamb followed him, the lamb – lamb fashion – mixing itself with his legs. He had nothing further to say to the ewe, but from the expression of her eyes she still had an open mind towards him. Both went with him inside the hut. Were they intruders? the dog asked.

He coughed and affected not to hear, went to the door, looked out and said the mist was gone, but the dog reasked. "I think, War, there's some er that orker'd little dam fool's grub lef'," he said, gently extricating the lamb from between his legs,

würde. «Sie ist widernatürlich, die Alte!» Schon in der Bibel fände sich was, erzählte er War, über Mutterschafe mit trockenem Euter. «Und dabei weiß sie's ganz genau!» Denn das war nun ihr drittes Lamm, das er auffüttern mußte. Aber er würde ihm keinen einzigen Bissen mehr geben. Er hatte sich jetzt fest dazu entschlossen, wenn's ihm auch den ganzen Tag Kopfzerbrechen gemacht hatte. «Sieh mich bloß mal an!» sagte er und zeigte dem Hund die vom Lamm zerbissenen Finger. «Es würde selbst aus Steinen noch Blut saugen!»

Er schusselte herum und deckte den Palmfaserhut und die geschmähte Frauen-Handarbeit sorgfältig zu; dann siegte seine besser Natur. «Sieh mal!» Seine Stimme klang wie nach einem moralischen Sieg. Er zog das Tuch ab und steckte den Knopf richtig herum oben an den richtigen Platz. «Bist du jetzt zufrieden?» fragte er.

Nachdem er sich so ausgeliefert hatte, war er dermaßen aufgeregt, daß auch der Hund daran teilnahm. Er empfahl War, sich hinzulegen und «ein Nickerchen zu machen», und in größter Erregtheit lief er zweimal um den ganzen Schafpferch und blieb jedesmal stehen, um die Pfosten geräuschvoll in den Boden zu hämmern. Dann rief er War zu, er brauche sich keine Sorgen zu machen; die Hürden seien in Ordnung und «stünden wie Felsen».

Während dieser Beschäftigung waren ihm das Mutterschaf und das Lamm gefolgt, und das Lamm hatte sich nach Lämmerart stets zwischen seine Beine gedrängt. Dem Mutterschaf hatte er nichts weiter zu sagen, doch nach dem Ausdruck seiner Augen zu urteilen, hatte es immer noch das allerbeste Gewissen. Das Schaf und das Lamm traten mit ihm in die Hütte. Sollte er sie als Eindringlinge betrachten, fragte der Hund. Der alte Mann hustete und tat, als habe er nichts gehört. Er ging an die Tür, schaute nach draußen und sagte, der Nebel sei weg; doch der Hund fragte noch einmal. «Ich glaube, War», sagte er und schob das Lamm sanft zwischen seinen Beinen fort, «es ist noch ein bißchen Futter übrig für das

"an' it'll on'y spile. Jes' this once an' no more, min' yer, an' then you skiddy addy," he said to the ewe. He carried the lamb outside, for he would not finger-suckle it that night before Waterloo.

From his bunk-head he took an axe, cut in two a myall log, and brought in half. He threw it on the fire for a back-log, first scraping the live coals and ashes to a heap for his damper.

He filled and trimmed his slush lamp, and from a series of flat pockets hanging on the wall he took thread, needle, and beeswax. He hung a white cloth in a way that defined the eye of the needle which he held at long range; but vary as he would from long to longest the thread remained in one hand, the needle in the other. Needle, thread, light, everything was wrong, he told War. "Es fer me, thenk a Lord I ken see an' year's well's ever I could. Ehm, War! See any change?" War said there had been no change observable to him. "There ain't no change in you neither, War!" he said in gratitude to the grizzled old dog. But he felt that War had been disappointed at his failure, and he promised that he would rise betimes to-morrow and sew on the button by daylight.

"Never mind, War; like ter see 'em after supper?" Comradeship was never by speech better demonstrated.

From the middle beam the old man untied two bags. Boiled mutton was in one, and the heel of a damper in another.

"No blowey carn't get in there, eh?" The dog looked at the meat uncritically, but critical-
30 ly noted the resting-place of two disturbed
31 "bloweys".

verdammte Närrchen, und es würde nur verderben. Bloß dies eine Mal, nicht nochmal, merk dir das! Und nun ab mit dir», sagte er zu dem Mutterschaf. Das Lamm trug er hinaus, denn er wollte es heute abend nicht vor Waterloo an seinen Fingern lecken lassen.

Vom Kopfende seiner Pritsche holte er eine Axt, schlug ein Myall-Scheit in zwei Hälften und brachte die eine Hälfte ins Haus. Er warf es als Dauerbrand auf den Feuerrost, scharrte aber erst Asche und glühende Kohlen zu einem Häufchen zusammen – für das Brot.

Er füllte und putzte die Talglampe und holte aus einer Reihe flacher Taschen, die an der Wand hingen, Faden, Nadel und Wachs. Er legte ein Stück weißes Zeug so hin, daß sich das Öhr der Nadel, die er sehr weit weg hielt, deutlich davon abhob; doch so weit er den Arm mit der Nadel auch ausstreckte, stets behielt er in der einen Hand die Nadel und in der andern den Faden. Nadel und Faden und Licht – alles taugte nichts, erzählte er War. «Ich danke Gott, daß ich noch immer so gut wie in meiner Jugend sehen kann, was, War? Oder hast du gemerkt, daß sich was geändert hat?» War erwiderte, es sei ihm keine Veränderung aufgefallen. «Und du bist auch ganz unverändert, War!» sagte er voll Dankbarkeit zu dem altersgrauen Hund. Er spürte, daß er War mit seinem Unvermögen beim Einfädeln enttäuscht hatte, und versprach ihm deshalb, daß er morgen früh rechtzeitig aufstehen und den Knopf bei Tageslicht an den Hut nähen wolle.

«Laß nur, War. Möchtest wohl nach dem Abendbrot wieder mal Münzen zählen?» Kein anderes Stichwort konnte besser ihre Kameradschaft zeigen.

Der alte Mann holte zwei Beutel vom Mittelbalken herunter. In dem einen war gekochtes Hammelfleisch, im andern ein Brotkanten.

«Da kommt keine Schmeißfliege dran, was?» Der Hund betrachtete das Fleisch ohne Mißtrauen, doch den Ruheplatz zweier aufgescheuchter Schmeißfliegen beäugte er sehr mißtrauisch.

"No bones!" he had taken great care to omit them. "Neow!" As ever, War took his word; he caught and swallowed instantly several pieces flung to him.

At the finish his master's "Eny?" referred to bones, War's grateful eyes twinkled, "Not a one." "Never is neow?" had reference to a trouble War had had with one long ago.

It was now time for his own supper, but after a few attempts he shirked it. "Blest if I even fergot t' bile th' billy; funny ef me t' ferget!" He held his head for a moment, then filled the billy, and in a strange uncertainty went towards and from the fire with it, and in the end War thought there was no sense at all in putting it so far from the blaze when it had to boil.

"Tell yer wot, War, w'ile it biles us'll count 'em. Gimme appertite, ehm, War?"

War thought "countin' 'em" was the tonic. Then together they closed the door, spread a kangaroo-skin on the floor, and put the slush lamp where the light fell on it. The man sat down, so did War, took off his belt, turned it carefully, tenderly, and opened his knife to cut the stitching. This was a tedious process, for it was wax thread, and had been crossed and recrossed. Then came the chink of the coins falling. The old man counted each as it rolled out, and the dog tallied with a paw.

"No more?" Certainly more, said War. A jerk, tenderly calculated, brought another among the seductive heap.

"All?" No – still the upraised paw. The old man chuckled.

32 "Ole 'en gets more b' scratchin'." This was
33 the dog's opinion, and a series of little undula-

«Keine Knochen!» Der alte Mann hatte sich die größte Mühe gegeben, sie zu entfernen. «Na bitte!» War folgte wie immer. Im Nu hatte er ein paar zugeworfene Stücke Fleisch aufgefangen und verschlungen. Zum Schluß fragte sein Herr: «Welche gehabt?», was sich auf die Knochen bezog. Wars Augen blinzelten dankbar: «Keinen einzigen!» «Keine Knochen» bezog sich auf eine Mißlichkeit, die War früher mal mit einem Knochen gehabt hatte.

Jetzt war es Zeit für sein eigenes Abendbrot, aber nach ein paar Versuchen drückte er sich darum. «Da hab ich doch verflixt vergessen, den Feldkessel aufzusetzen! Komisch, wie ich das vergessen konnte.» Einen Augenblick stützte er sich die Stirn, dann füllte er den Kessel, und merkwürdig unentschlossen ging er damit zum Feuer und rückte ihn dann doch abseits, so daß War fand, es hätte keinen Sinn, den Kessel so weit von der Flamme wegzustellen, wenn er zum Kochen kommen sollte.

«Weißt du was, War? Bis es kocht, wolln wir sie zählen, was? Das macht mir 'n bißchen Appetit.»

War fand auch, daß es appetitanregend sei, «sie zu zählen». Dann schlossen sie gemeinsam die Tür, breiteten ein Känguruhfell auf den Fußboden und stellten die Talglampe so hin, daß ihr Licht darauf fiel. Der Mann setzte sich, und War ebenfalls; er nahm seinen Gürtel ab, drehte ihn behutsam und liebevoll um und öffnete sein Messer, um die Naht aufzutrennen. Das war ein langwieriger Vorgang, denn es war gewachster Faden, den er kreuzweise vernäht und abermals vernäht hatte. Dann klimperten die fallenden Münzen. Der alte Mann zählte jede, die herausfiel, und der Hund kontrollierte mit seiner Pfote.

«Mehr nicht? Bestimmt noch mehr», sagte War. Ein vorsichtig berechneter Schnitt, und noch eine Münze fiel auf das verführerische Häufchen.

«Alles? Nein» – der Hund hatte die Pfote noch erhoben. Der alte Mann kicherte.

«Je mehr sie scharrt, je mehr findet die alte Henne.» Das war auch die Ansicht des Hundes, und ein bißchen

tions produced another, and after still further shaking, yet another.

War was asked with ridiculous insincerity, "All?" and with ridiculous sincerity his solemn eyes and dropped paw said "All." Then there was the honest count straight through, next the side show with its pretence of "disremem-berin'", or doubts as to the number – doubts never laid except by a double count. In the first, so intent was the man, that he forgot his mate; though his relief in being good friends again had made him ignore his fear.

But the dog had heard an outside sound, and, moving to the door, waited for certainty. At this stage the man missed his mate's eyes.

He lay face downward, covering his treasure, when he realized his friend was uneasy. And, as the dog kept watch, he thrust them back hurriedly, missing all the pleasure and excitement of a final recount.

With dumb show he asked several questions of his sentinel, and took his answers from his eyes. Then, when Warder, relieved, began to walk about, the old man with forced confidence chaffed him. He sought refuge from his own fears by trying to banish the dog's, and suggested dingoes at the sheep-yard, or a "goanner" on the roof. "Well, 'twas 'possum," he said, making a pretence of even then hearing and distinguishing the sound.

But round his waist the belt did not go that night. Only its bulk in his life of solitariness could have conceived its hiding-place.

He bustled around as one having many tasks, but these he did aimlessly. With a pretence of unconcern he attempted to hum, but broke off frequently to listen. He was plainly afraid of

Hin und Her förderte noch eine Münze und, nach weiterem Schütteln, noch eine zutage.

War wurde mit komischer Unaufrichtigkeit befragt: «Sind's alle?», und mit komischer Aufrichtigkeit antworteten sein feierlicher Blick und die fest aufgestellte Pfote: «Alle!» Dann wurde ehrlich gezählt, von Anfang bis Ende, dann wurde so getan, als habe man sich verzählt oder eine vergessen – Zweifel, die nie ohne neues Zählen zu beseitigen waren. Der alte Mann war so ernsthaft bei der Sache, daß er seinen Kameraden vergaß, obwohl die Erleichterung darüber, daß sie wieder gut Freund wawaren, eben erst seine Befürchtung verscheucht hatte.

Der Hund jedoch hatte draußen ein Geräusch gehört und ging zur Tür, auf Bestätigung wartend. Gerade jetzt verpaßte der Mann den Blick seines Gefährten.

Er lag mit dem Gesicht nach unten vor seinem Schatz, und dann erst fiel ihm auf, daß sein Freund beunruhigt war. Während der Hund Wache hielt, stopfte er die Münzen hastig wieder hinein und brachte sich dadurch um alle Freude und Aufregung der Schlußzählung.

Mit stummen Gebärden stellte er dem Wachtposten mehrere Fragen und las ihm die Antwort von den Augen ab. Dann, als Warder erleichtert herumzuwandern begann, verspottete ihn der alte Mann, jedoch mit krampfhafter Zuversicht. Er rettete sich vor seiner eigenen Furcht, indem er die Befürchtungen des Hundes zu zerstreuen versuchte, und sprach von Wildhunden vor dem Schafpferch oder einem Goanna auf dem Dach. «Ach, es war 'n 'possum», sagte er und tat so, als ob er jetzt auch das Geräusch höre und erkenne.

Der Gürtel kam diese Nacht nicht rund um die Weste, an welchem Versteck die Bedeutung des Schatzes den Einsiedler bewogen haben mochte.

Er fuhrwerkte herum wie einer, der viele Arbeiten erledigen muß, doch tat er es planlos. Mit gespielter Sorglosigkeit versuchte er zu summen, unterbrach sich aber häufig, um zu lauschen. Er war offenbar besorgt, den

the dog's keen ears missing something. But his mate's tense body proclaimed him on duty.

"I know who yer thort 'twas, Warder!" They were sitting side by side, yet he spoke very loudly. "Scrammy 'And, Ehm?" He had guessed correctly.

"An' yer thort 'twas 'im that 'ad bin ramsakin' the place yesterday, when we was shepherdin'. An' yer thort 't must 'ave bin 'im shook the tommy!" The dog's manner evinced that he had not altered this opinion. The old man's heart beat loudly.

"No fear, Warder! Scrammy's gone, gone 'long ways now, Warder!" But Warder's pricked ears doing double duty showed he was unconvinced. "'Sides, Scrammy wouldn't 'urt er merskeeter," he continued. "Poor ole Scrammy! 'Twarn't 'im shook the tommy, Warder!" The dog seemed to be waiting for the suggestion of another thief having unseen crept into their isolated lives, but his master had none to offer. Both were silent, then the man piled wood on the fire, remarking that he was going to sit up all night. He asked the dog to go with him to the table to feed and trim the slush lamp.

Those quavering shadows along the wall were caused by its sizzling flare flickering in the darkness, the dog explained. "Thort it mighter bin ther blacks outside," the man said. "They ain't so fur away, I know! 'Twar them killed ther lamb down in ther creek." He spoke unusually loudly. He hoped they wouldn't catch "poor ole one-'anded Scrammy". He said how sorry he was for "poor ole Scrammy, 'cos Scrammy wouldn't 'urt no one. He on'y jes' came ter see us 'cos 'e was a ole friend. He was

scharfen Ohren seines Hundes könnte etwas entgehen. Doch der angespannte Körper seines Freundes verriet, daß er sich seiner Pflicht bewußt war.

«Ich weiß, Warder, was du gedacht hast, wer es ist!» Sie saßen dicht nebeneinander, und doch sprach er sehr laut. «Stummelhand, was?» Er hatte richtig vermutet.

«Und du hast auch gestern abend gedacht, du hättest ihn gesehn, was? Du hast gedacht, daß er's gewesen ist, der gestern hier herumgestöbert hat, als wir die Herde gehütet haben? Und du hast gedacht, daß er's gewesen ist, der das Handbeil gestohlen hat, was?» Das Verhalten des Hundes überzeugte ihn, daß er noch immer dieser Ansicht war. Das Herz des alten Mannes pochte heftig.

«Keine Angst, Warder! Stummelhand ist fort, ist schon weit fort!» Aber Warder spitzte die Ohren, doppelt aufmerksam, um zu zeigen: er ließ sich nicht umstimmen. «Außerdem würde Stummelhand keiner Mücke was zu leide tun», fuhr der alte Mann fort. «Der arme alte Stummelhand!» Der Hund schien auf eine Vermutung zu warten, welcher Dieb sich denn sonst noch ungesehen in ihr einsames Dasein geschlichen haben könnte, aber sein Herr hatte nichts vorzubringen. Beide schwiegen. Dann häufte der alte Mann Holz aufs Feuer und sagte, er wolle die ganze Nacht wachen. Er forderte den Hund auf, sich mit ihm an den Tisch zu setzen, wo er essen und die Talglampe putzen wollte.

Die zitternden Schatten an der Wand wurden durch das Geflacker der Lampe verursacht, erklärte der Hund. «Und ich hatte schon gedacht, draußen könnten ein paar Schwarze sein», sagte der alte Mann. «Sie sind nämlich nicht so weit von hier. Sie haben das Lamm unten am Bach erstochen.» Er sprach ungewöhnlich laut. «Hoffentlich erwischen sie den armen alten Stummelhand nicht! Scrammy mit bloß einer Hand!» Er sagte, wie sehr er Scrammy Stummelhand bedauere, denn der würde keinem was zuleide tun. «Er ist bloß zu uns zu Besuch gekommen, weil er ein alter Freund von uns ist. Er hat

gone along ways ter look for work, 'cos 'e was stony-broke after blueing 'is cheque at ther shanty sixty miles away".

"I tole 'im," he continued in an altered voice, "thet I couldn't lend 'im eny 'cos I 'ad sent all my little bit er money (he whispered 'money') to ther bank be ther boss. Didn' I?" Emphatically his mate intimated that this was the case. He held his head in his shaking hands, and complained to the dog of having "come over dizzy".

He was silent for a few moments, then, abruptly raising his voice, he remarked that their master was a better tracker than "Saddle-strap Jimmy", or any of the blacks. He looked at the tally-stick, and suddenly announced that he knew for a certainty that the boss and his wife would return that night or early next morning, and that he must see about making them a damper. He got up and began laboriously to mix soda and salt with the flour. He looked at the muddy-coloured water in the bucket near the wall, and altered his mind.

"I'll bile it first, War, same as 'er does, 'cos jus' neow an' then t' day I comes over dizzy-like. See th' mist t's even! Two more, then rain – rain, an' them two out in it without no tilt on the cart." He sat down for a moment, even before he dusted his ungoverned floury hands.

"Pint er tea, War, jes' t' warm ther worms an' lif' me 'art, eh?"

Every movement of the dog was in accord with this plan.

His master looked at the billy, and said "'twarn't bilin'", and that a watched pot never boiled. He rested a while silently with his floury hands covering his face. He bent his mouth to the dog's ear and whispered. Warder, before

überall nach Arbeit gefragt, denn er ist bettelarm, seit er im Wirtshaus, sechzig Meilen von hier, den Scheck verspielt hat.»

Mit veränderter Stimme fuhr er fort: «Ich hab ihm gesagt, ich könnt ihm kein Geld leihen (‹Geld› sagte er geflüstert), weil ich mein bißchen Bargeld auf die Bank geschickt hab, mit dem Boss.» Der Hund bestätigte es nachdrücklich. Der alte Mann stützte den Kopf in seine zitterigen Hände und beklagte sich beim Hund, er fühle sich schwindlig.

Ein paar Augenblicke war er still, dann hob er plötzlich die Stimme und sagte, ihr Boss sei ein besserer Fährtensucher als «Sattelriemen-Jimmy» oder sonst ein Schwarzer. Er blickte auf das Kerbholz und erklärte unvermittelt, er sei jetzt völlig überzeugt, daß der Boss und seine Frau heute nacht oder morgen ganz früh zurückkehrten und daß er zusehen müsse ihnen ein Brot zu backen. Er stand auf und begann umständlich Treibmittel und Salz unter das Mehl zu mischen.

Er betrachtete das lehmfarbene Wasser im Eimer an der Wand und änderte dann seinen Plan.

«Ich will erst kochen, War, wie sie es auch immer macht, denn heut wird mir von Zeit zu Zeit immer wieder schwindelig. Schau dir den Dunst an! In zwei Stunden gibt's Regen – und die beiden ohne Verdeck auf der Kutsche!» Er setzte sich, noch ehe er seine bemehlten, zitternden Hände abgestäubt hatte.

«Ein bißchen Tee, War, um die Würmer zu wärmen und dem Herzen wohlzutun, was?»

Der Hund war durchaus einverstanden, wie er mit jeder Bewegung zu erkennen gab.

Sein Herr blickte auf den Kessel und sagte, er hätte noch nicht gekocht, und wenn man bei einem Kessel aufs Kochen warte, dann tue er's nie. Eine Weile blieb er still sitzen, und in seine bemehlten Hände hatte er das Gesicht vergraben. Er beugte den Mund bis an die Hundeohren

replying, pointed his ears and raised his head. The old man's hand rested on the dog's neck.

"Tell yer wot, War, w'ile it's bilin' I'll 'ave another go at ther button, 'cos I want ter give 'im ther 'at as soon as he comes. S'pose they'll orl come?" He had sat down again, and seemed to whistle his words. "Think they'll orl come, Loo?"

Loo would not commit himself about "orl", not being quite sure of his master's mind.

The old man's mouth twitched, a violent effort jerked him. "Might be a boy arter orl; ain't cocky sure?" His head wagged irresponsibly, and his hat fell off as he rolled into the bunk. He made no effort to replace it, and, for once unheeded, the fire flickered on his polished head. Never before had the dog seen its baldness. The change from nightcap to hat had always been effected out of his sight.

"War, ain't cocky sure it'll be a gal?"

The dog discreetly or modestly dropped his eyes, but his master had not done with concessions.

"Warder!" Warder looked at him. "Tell yer wot, you can go every Sunday evenin' an' see if 'tis a boy!"

He turned over on his side, with his face to the wall. Into the gnarled uncontrolled hand swaying over the bunk the dog laid his paw.

When the old man got up he didn't put on his hat, nor even pick it up. Altogether there was an unusualness about him to-night that distressed his mate. He sat up after a few moments, and threw back his head, listening strainingly for outside sounds. The silence soothed him, and he lay down again. A faded look was in his eyes.

hinunter und flüsterte etwas. Bevor Warder antwortete, spitzte er die Ohren und hob den Kopf. Die Hand des alten Mannes lag auf dem Nacken des Hundes.

«Ich sag dir was, War: solange es noch nicht kocht, will ich's noch mal mit dem Knopf versuchen, denn ich will ihm den Hut schenken, sobald er nach Haus kommt. Vielleicht kommen sie alle miteinander?» Er hatte sich wieder hingesetzt und schien die Worte hervorzuzischen. «Glaubst du, sie kommen alle, Loo?»

Loo wollte sich nicht darauf festlegen, daß «alle» kommen, weil er nicht ganz sicher war, was sein Herr meinte.

Der Mund des alten Mannes zuckte; eine heftige Erregung erschütterte ihn. «Vielleicht ist's doch ein Junge, gar nicht ausgeschlossen.» Sein Kopf wackelte unbeherrscht, und der Hut fiel ihm herunter, als er seitlich auf die Pritsche sank. Er machte keine Anstalten, ihn wieder aufzusetzen, und in dem unkontrollierten Augenblick fiel ein Feuerschein über seinen kahlen Schädel. Der Hund hatte noch nie seine Glatze gesehen. Der Wechsel von der Nachtmütze zum Hut hatte sich stets vollzogen, wenn er nicht anwesend war.

«War, bist du ganz sicher, daß es ein Mädchen wird?»

Der Hund senkte taktvoll oder anstandshalber den Blick, aber sein Herr wünschte keine Halbherzigkeiten.

«Warder!» Warder blickte ihn an. «Ich sag dir was; so wahr ich hier liege: es wird ein Junge!»

Er drehte sich auf die Seite, das Gesicht der Wand zugekehrt. Die zitternde knochige Hand fiel über den Bettrand, und der Hund legte seine Pfote hinein.

Als der alte Mann sich aufrichtete, setzte er den Hut nicht wieder auf, er hob ihn nicht einmal vom Boden auf. Es war überhaupt heute abend etwas Ungewöhnliches an ihm, das seinen Kameraden beunruhigte. Der alte Mann saß ein paar Minuten da, den Kopf in den Nacken gelegt, und lauschte angespannt, ob er draußen etwas höre. Das Schweigen beruhigte ihn, und er legte sich wieder hin. In seinen Augen lag ein matter Ausdruck.

"Thort I 'eard bells – church bells," he said to the dog looking up too, but at him. "Couldn't 'ave. No church bells in the bush. Ain't 'eard 'em since I lef' th' ole country." He turned his best ear to the fancied sound.

He raised himself from the bunk, and followed the dog's eyes to a little smoke-stained bottle on the shelf. "No, no, War!" he said. "Thet's for sickness; mus' be a lot worser'n wot I am!" Breathing noisily, he went through a list of diseases, among which were palsy, snakebite, "dropersy", and "suddint death", before he would be justified in taking the last of his pain-killer.

His pipe was in his hidden belt, but he had another in one of those little pockets. He tried it, said "'twouldn't draw'r", and very slowly and clumsily stripped the edge of a cabbage-tree frond hanging from the rafter, and tried to push it through the stem, but could not find the opening. He explained to the intent dog that the hole was stopped up, but it didn't matter. He placed it under the bunk where he sat, because first he would "'ave a swig er tea". His head kept wagging at the billy. No, until the billy boiled he was going to have a little snooze.

Involuntarily he murmured, looking at his mate, "Funny w'ere ther tommy'awk's gone ter!" Then he missed the axe. "My Gord, Warder!" he said, "I lef' the axe outside; clean forgot it!" This discovery alarmed the dog, and he suggested they should bring it in.

"No, no!" he said, and his floury face grew ghastly.

He stood still – all his faculties seemed para-
42 lysed for a time – then fell stiffly on his bunk.
43 Quite suddenly he staggered to his feet, rubbed

«Hab gedacht, ich hör Glocken – Kirchenglocken», sagte er zu dem Hund, der auch aufblickte, aber zu ihm hin. «Kann nicht sein, keine Kirchenglocken im Busch. Hab keine mehr gehört, seit ich vom alten Land fort bin.» Er drehte sein besseres Ohr nach dem vermeintlichen Geräusch hin.

Er richtete sich von der Pritsche auf, und sein Blick folgte dem des Hundes: auf dem Wandbrett stand eine kleine rauchgeschwärzte Flasche. «Nein, nein, War!» sagte er. «Die ist für kranke Tage. Es muß schon viel schlimmer kommen, eh ich die nehme.» Laut atmend ging er eine Reihe von Krankheiten durch, darunter Schlagfluß, Schlangenbiß, Wassersucht und «jähen Tod», erst in solchen Fällen war er berechtigt, den letzten Tropfen seines Schmerzenselixiers zu trinken.

Seine Pfeife war in dem Gürtel, den er versteckt hatte, aber er hatte noch eine andre Pfeife in einer von den kleinen Taschen. Er probierte sie, sagte, sie würde nicht ziehen, und entblätterte sehr langsam und ungeschickt ein Palmblatt, das vom Balken niederhing. Er versuchte es dann in den Pfeifenstiel zu bohren, aber er fand die Öffnung nicht. Er erklärte dem aufmerksamen Hund, das Loch sei verstopft, aber es sei nicht so wichtig. Er legte die Pfeife unter die Pritsche und setzte sich hin, denn zuerst wollte er einen Schluck Tee haben. Aber bis der Tee kochte, wollte er ein Nickerchen machen.

Unwillkürlich murmelte er: «Wo das Handbeil nur hingeraten sein kann», und blickte dabei auf seinen Freund. Dann vermißte er die Axt. «Mein Gott, Warder!» rief er. «Ich hab die Axt draußen gelassen! Einfach vergessen!» Die Entdeckung beunruhigte den Hund, und er schien sie holen zu wollen.

«Nein, nein», sagte der alte Mann, und sein bemehltes Gesicht wurde aschfahl.

Er stand still – für eine Weile schien er am ganzen Leibe wie gelähmt –, dann sank er steif auf die Pritsche. Doch gleich rappelte er sich wieder auf die Füße, rieb sich die

his eyes, and between broken breaths he complained of the bad light, and that the mist had come again.

One thing the dog did when he saw his master's face even by that indifferent light, he barked low, and terribly human.

The old man motioned for silence. "Ah!" His jaw fell but for a moment. Then a steely grimness took possession. He clung to the table and beckoned the dog with one crooked finger. "Scrammy?" cunningly, cautiously, indicating outside, and as subtly the dog replied. Then he groped for his bunk, and lay with his eyes fixed on the billy, his mouth open.

He brought his palms together after a while. "'Cline our 'earts ter keep this lawr," he whispered, and for a moment his eyes rested on the hiding-place, then turned to the dog.

And though soon after there was a sinister sound outside, which the watchful dog immediately challenged, the man on the bunk lay undisturbed.

Warder growling savagely went along the back wall of the hut, and despite the semi-darkness, his eyes, scintillating with menace through the cracks, drove from them a crouching figure who turned hastily to grip the axe near the myall logs. He stumbled over the lamb's feeding-pan lying in the hut's shadow. The moonlight glittering on the blade recalled the menace of the dog's eyes. The man grabbed the weapon swiftly, but even with it he felt the chances were unequal.

But he had planned to fix the dog. He would
unpen the sheep, and the lurking dingoes, com-
44 ing up from the creek to worry the lambs,
45 would prove work for the dog. He crouched

Augen und klagte zwischen unregelmäßigen Atemzügen über das schlechte Licht und daß es wieder neblig geworden sei.

Da tat der Hund etwas, als er bei dem ungewissen Licht seines Herrn Gesicht sah: er bellte leise, und es klang furchtbar menschlich.

Der alte Mann gebot ihm, still zu sein. «Ah!» Der Unterkiefer sank ihm einen Augenblick nach unten. Dann packte ihn eiserne Entschlossenheit. Er klammerte sich an den Tisch und winkte dem Hund mit gekrümmtem Finger. «Stummelhand?» Listig und vorsichtig deutete er nach draußen, und der Hund antwortete ebenso verstohlen. Dann tastete er nach seiner Pritsche und lag mit offenem Mund da, den Blick auf den Feldkessel geheftet.

Nach einer Weile gelang es ihm, die Hände zu falten. «Mach unsre Herzen rein, O Herr», flüsterte er; einen Moment blieb sein Blick an dem Versteck hängen und wandte sich dann dem Hund zu.

Und obwohl bald darauf draußen ein unheimliches Geräusch zu hören war, auf das der wachsame Hund sofort antwortete, lag der alte Mann auf der Pritsche völlig ruhig da.

Warder heulte wild auf und ging hinten an der Wand der Hütte entlang. Trotz des Halbdunkels funkelten seine Augen so drohend durch die Ritzen, daß sie eine geduckte Gestalt verscheuchten, die sich hastig umwandte und nach der Axt neben den Myall-Scheiten griff. Der Mann stolperte über den Futtertrog der Schafe, der im Schatten der Hütte stand. Das auf dem Eisen glitzernde Mondlicht wiederholte die Drohung der Augen des Hundes. Der Mann umklammerte rasch die Waffe, aber selbst damit, so schien es ihm, bestand wenig Aussicht für das Gelingen seines Plans.

Doch er hatte sich überlegt, wie er mit dem Hund fertig werden wollte. Er würde die Schafe aus dem Pferch lassen, und die lauernden Wildhunde, die vom Bach heraufkamen, um den Lämmern nachzustellen, würden dem

silently to again deceive this man and dog, and crept towards the sheep-yard. But the hurdles of the yard faced the hut, and the way those thousand eyes reflected the rising moon was diconcerting. The whole of the night seemed pregnant with eyes.

All the shadows were slanting the wrong way, and the moon was facing him, with its man calmly watching every movement. It would be dawn before it set. He backed from the yard to the myalls' scant screen. Even they had moulted with age. From under his coat the handle of the axe protruded. His mind worked his body. Hugging the axe, he crept towards some object, straightened himself to reach, then with the hook on his handless arm drew back an imaginary bolt, and stooping entered. With the axe in readiness he crept to the bunk. Twice he raised it and struck.

It was easy enough out there, yet even in imagination his skin was wet and his mouth was dry. Even if the man slept, there was the dog. He must risk letting out the sheep. He covered the blade of the axe and went in a circuit to the sheep, and got over the yard on the side opposite to the hut. They rushed from him and huddled together, leaving him, although stooping, exposed. He had calculated for this, but not for the effect upon himself. Could they in the hut see him, he would be no match for the dog even with the axe. Heedlessly, fear-driven, he rushed to where he could see the door, regardless of exposing himself. Nothing counted now, but that the dog or the old man should not steal upon him unawares.

The door was still closed. No call for "Warder!" came from it, though he stood there a

Hund hinreichend Beschäftigung geben. Er kroch, um den Mann und den Hund zu überlisten, geräuschlos zum Schafpferch hinüber, doch das Pferchgatter war von der Hütte aus zu sehen; tausend Augen spiegelten den aufgehenden Mond wider, das verwirrte ihn. Die ganze Nacht schien gespickt mit Augen.

Alle Schatten fielen ungünstig, und der Mond blickte ihm ins Gesicht, der Mann im Mond beobachtete jede seiner Bewegungen. Vor dem Morgengrauen würde der Mond nicht untergehen. Der Mann stahl sich vom Hof und hinter den kärglichen Schutz, den die Myall-Bäume boten. Sogar die Bäume waren altersschwach geworden. Unter seiner Jacke ragte der Griff der Axt heraus. Sein Geist entwarf den Plan für seinen Körper. Er stellte sich vor, daß er die Axt fest an sich drückte, auf ein Ziel zukroch, sich aufrichtete, um es zu erreichen, mit dem Haken an der Stummelhand einen Riegel aufzog, gebückt eintrat, mit der bereitgehaltenen Axt zur Pritsche kroch und zweimal die Axt hob und zuschlug.

Hier draußen schien das ganz einfach – und schon bei der bloßen Vorstellung war seine Haut feucht und sein Mund trocken. Selbst wenn der Mann schliefe – es wäre doch der Hund da. Er mußte es wagen, die Schafe aus dem Pferch zu lassen. Er versteckte die Schneide der Axt und schlug einen Bogen um den Pferch, indem er gegenüber der Hütte über den Hof schlich. Sie rannten vor ihm davon und drängten sich zusammen, so daß er, wenn auch geduckt, ohne Deckung blieb. Er hatte das mitbedacht – aber nicht, wie er reagieren würde. Wenn sie ihn von der Hütte aus sehen konnten, war er dem Hund ausgeliefert, war erledigt, trotz der Axt. Blindlings, von Angst gehetzt, lief er dorthin, wo er die Tür sehen konnte, und es war ihm einerlei, daß er ohne Deckung war. Jetzt zählte nur eins: daß der alte Mann oder der Hund ihn nicht unversehens überfiel.

Die Tür war noch immer geschlossen. Kein Ruf «Warder!» drang nach außen, obwohl er als eine so auffällige

conspicuous object. While he watched he saw a ewe lamb make for the hut's shelter. He stooped, still watching, and listened, but could hear nothing. He crept forward and loosened the hurdles. Never were they noisier, he was sure. He knew that the sheep would not go through while he was there. He crept away, but although the leader noted the freed exit, he and those he led were creatures of habit. None were hungry, and they were unused to feeding a night, though in the morning came man and dog never so early they were waiting.

Round the yard and past the gateway he drove them again and again. He began to feel impotently frenzied in the fear that the extraordinary lightness meant that daylight must be near. Every moment he persuaded himself that he could see more plainly. He held out his one hand and was convinced.

He straightened himself, rushed among them, caught one, and ran it kicking through the opening. It came back the moment he freed it. However it served his purpose, for as he crouched there, baffled, he unexpectedly saw them file out. Then they rushed through in an impatient struggling crowd, each fearing to be last with this invader.

When he "barrowed" out the first, he had kept his eyes on the hut, and had seen an old ewe and lamb run to it and bunt the closed door. But if there was any movement inside, the noise of the nearer sheep killed it.

They were all round the hut, for above it hung the moon, and they all made for the light. He crept after them, his ears straining for sound, but his head bobbing above them to watch the still closed door.

Zielscheibe dastand. Während er die Hütte beobachtete, sah er, wie ein Lamm sich in ihren Schutz begeben wollte. Er duckte sich, beobachtete, lauschte, konnte aber nichts hören. Nun kroch er vor und öffnete die Hürden. Noch nie hatten sie so gelärmt, dachte er. Er wußte, daß die Schafe nicht ausbrechen würden, solange er da war. Er stahl sich fort, aber obwohl der Leithammel den freien Ausgang bemerkte, waren er und die Geschöpfe, die er anführte, doch Gewohnheitstiere. Keins war hungrig, und an eine Fütterung bei Nacht waren sie nicht gewöhnt, wenn auch am Morgen Mann und Hund nie früh genug kommen konnten: stets standen sie schon wartend da.

Er hetzte sie immer wieder ringsherum und am offenen Gatter vorbei. Ohnmächtige Furcht trieb ihn fast zum Wahnsinn, denn konnte nicht die außergewöhnliche Helle bedeuten, daß der Tag bald anbrach? Er bildete sich ein, daß er von Minute zu Minute deutlicher sehen könne. Er hielt die Hand vor sich hin und war überzeugt, daß es so war.

Er richtete sich auf, sprang mitten unter sie, fing sich eins und stieß es mit Fußtritten durch die Öffnung. Kaum ließ er es los, kam es wieder in den Pferch zurück. Und doch hatte es seiner Absicht gedient, denn während er noch hilflos dort kauerte, sah er wie sie gegen alle Erwartung einzeln nach draußen zogen. Dann drängten sie sich in ungeduldigem Gerangel hindurch, denn jedes fürchtete, es könnte als letztes bei dem Eindringling bleiben.

Als er das erste Schaf hinausschob, hatte er die Hütte im Auge und sah, wie ein altes Mutterschaf und ein Lamm darauf zuliefen und gegen die verschlossene Tür stießen. Falls das in der Hütte eine Bewegung verursachte, wurde sie vom Getrappel der Schafe hier bei ihm übertönt.

Sie scharten sich um die Hütte, denn darüber stand der Mond, und sie suchten das Licht. Der Mann kroch ihnen nach; seine Ohren lauschten angespannt auf ein Geräusch, während sein Blick über die vielen Rücken hinweg hüpfte, um die noch immer verschlossene Tür zu beobachten.

Inside, long since, the back-log had split with an explosion that scattered the coals near enough to cause the billy to boil, and the blaze showed the old man's eyes set on the billy. The dog looked into them, then laid his head between his paws and, still watching his master's face, beat the ground with his tail. He whined softly and went back to his post at the door, his eyes snapping flintily, his teeth bared. Along his back the hair rose like bristles. He sent an assurance of help to the importunate ewe and lamb. As the sheep neared the hut he ran to the bunk, raised his head to a level with his master's, and barked softly. He waited, and despite the eager light in his intelligent face his master and mate did not ask him any questions as to the cause of these calling sheep. Why did he not rise, and with him re-yard them, then gloatingly ask him where was the chinky crow by day, or sneaking dingo by night, that was any match for them, and then demand from his four-footed trusty mate the usual straightforward answer? Was there to be no discussion as to which heard the noise first, nor the final compromise of a dead-heat?

The silence puzzled the man outside sorely; he crouched, watching both door and shutter. The sheep were all round the hut. Man and dog inside must hear them. Why, when a dingo came that night he camped with them, they heard it before it could reach a lamb. If only he had known then what he knew now! His hold on the axe tightened. No one had seen him come; none should see him go! Why didn't that old fellow wake to-night? – for now, as he crept nearer the hut, he could hear the whining dog, and understood, he was appealing to his master.

In der Hütte war längst das Dauerscheit mit einem Knall geborsten und hatte die Glut so nah an den Kessel herangekrümelt, daß er zu kochen begann. Die Flammen beleuchteten die zum Kessel gerichteten Augen des alten Mannes. Der Hund blickte in sie hinein; er legte den Kopf zwischen die Pfoten und klopfte mit dem Schwanz auf den Boden, wobei er das Gesicht seines Herrn unablässig beobachtete. Leise winselnd kehrte er auf seinen Posten an der Tür zurück, ringsum fixierend, mit entblößten Zähnen. Sein Rückenhaar sträubte sich borstig. Dem so ungelegenen Mutterschaf samt Lamm sandte er ein Versprechen baldiger Hilfe. Als die Schafe näher an die Hütte kamen, lief er zur Pritsche, hob den Kopf, so daß er mit dem seines Herrn gleich hoch war, und bellte leise. Er wartete, aber obgleich sein kluges Gesicht vor Diensteifer leuchtete, stellte ihm sein Freund und Herr keine Frage, etwa warum die Schafe so lärmten. Warum stand er denn nicht auf und sperrte sie mit seiner Hilfe wieder ein – und fragte ihn dann lauernd, wo der chinesische Rabe am Tag sei und wo der schleichende Dingo bei Nacht; das war so ein Spielchen zwischen ihnen; und erbat von ihm, seinem vierbeinigen Gefährten, die gewohnte klare Antwort? Gab es denn kein Hin und Her, wer das Geräusch zuerst gehört habe, und letzten Endes ein Unentschieden?

Die Stille in der Hütte beunruhigte den Mann draußen mächtig. Er duckte sich und beobachtete Tür und Laden. Die Schafe drängten sich rings um die Hütte. Herr und Hund mußten sie hören. Damals, als er bei ihnen übernachtete, war ein Wildhund gekommen, und sogar den hatten sie gehört, ehe er ein Lamm erreichen konnte. Wenn er damals gewußt hätte, was er jetzt wußte! Er umklammerte die Axt fester; keiner hatte ihn kommen sehen, keiner durfte ihn fortgehen sehen. Warum wachte der Alte heute nicht? Jetzt, wo er näher an die Hütte heranschlich, konnte er den Hund winseln hören und begriff, daß er seinen Herrn wecken wollte.

He lay flat on the ground and tried to puzzle it out. The sheep had rushed back disorganized and were again near the hut and yard. Both inside must know. They were waiting for him. They were preparing for him, and that was why they were letting the dingoes play up with the sheep. That was the reason they did not openly show fight.

Still he would have sacrificed half of the coveted wealth to be absolutely certain of what their silence meant. It was surely almost daylight. He spread out the fingers of his one hand; he could see the colour of the blood in the veins. He must act quickly, or he would have to hide about for another day. And the absent man might return. To encourage himself, he tried to imagine the possession of that glittering heap that he had seen them counting on the mat. Yet he had grown cold and dejected, and felt for the first time the weight of the axe. It would be all right if the door would open, the old man come out and send the dog to round up the sheep. It was getting daylight, and soon shelter would be impossible.

He crept towards the hut, and this time he felt the edge of the axe. Right and left the sheep parted. There was nothing to be gained now in crawling, for the hostility of the dog told him that he could be seen. He stood, his body stiffened with determination.

Mechanically he went to the door; he knew the defensive resources of the hut. He had the axe, and the stolen tomahawk was stuck in the fork of those myalls. He had no need for both. The only weapon that the old fellow had was
52 the useless butcher's knife. His eyes protruded,
53 and unconsciously he felt his stiffened beard.

Er legte sich flach auf den Boden und versuchte, das Rätsel zu lösen. Die Schafe waren durcheinander zurückgerannt und kamen jetzt wieder näher an die Hütte und den Pferch heran. Das mußten die beiden in der Hütte wissen. Also warteten sie auf ihn. Sie bereiteten sich auf ihn vor, und darum ließen sie den Wildhunden freie Hand. Das war die Erklärung dafür, daß sie den Kampf nicht eröffneten.

Und doch hätte er gern die Hälfte des begehrten Reichtums geopfert, wenn er wirklich sicher gewußt hätte, was ihr Schweigen bedeutete. Bestimmt war es beinah Tag. Er spreizte die Finger seiner einen Hand: er konnte die Farbe des Blutes in den Adern sehen. Er mußte rasch handeln, oder er würde sich noch einen weiteren Tag verstecken müssen. Und der Mann, der verreist war, konnte zurückkehren. Um sich Mut zu machen, stellte er sich vor, wie er im Besitz des glitzernden Haufens war, den sie, wie er beobachtet hatte, auf dem Känguruhfell gezählt hatten. Und doch fror er und war niedergeschlagen und spürte zum erstenmal das Gewicht der Axt. Alles wäre gut, wenn der alte Mann aus der Tür treten und den Hund losschicken würde, die Schafe in den Pferch zu treiben. Es wurde wirklich Tag, und bald hatte er keine Deckung mehr.

Er kroch auf die Hütte zu, und diesmal befühlte er die Schneide der Axt. Die Schafe wichen rechts und links vor ihm aus. Es hatte keinen Sinn, noch weiter zu kriechen, denn die feindselige Stimme des Hundes verriet ihm, daß er gesehen worden war. Er stand aufrecht, und Entschlußkraft straffte seinen Körper.

Mechanisch ging er zur Tür. Er kannte die Verteidigungsmittel der Hütte. Er hatte die Axt, und das gestohlene Handbeil lag in der Astgabel der Myall-Bäume versteckt. Er brauchte nicht beide. Der alte Mann drinnen hatte als einzige Waffe ein unnützes Metzgermesser. Die Augen quollen ihm aus dem Kopf, und unwillkürlich strich er sich über die rauhen Bartstoppeln.

He breathed without movement. There was no sound now from man or dog. In his mind he saw them waiting for him to attack the door; this he did not debate nor alter. He went to the shutter, ran the axe's edge along the hide hinges, pushed it in, then stepped back.

Immediately the dog's head appeared. He growled no protest, but the flinty fire from his eyes and the heat of his suppressed breath, hissing between his bared fangs, revealed to Scrammy that in this contest, despite the axe, his one hand was a serious handicap.

With the first blow his senses quickened. The slush lamp had gone out and there was no hint of daylight inside. This he noted between his blows at the dog, as he looked for his victim. It was strange the old fellow did not show fight! Where was he hiding? Was it possible that, scenting danger, he had slipped out? He recalled the dog's warning when his master was counting his hoard. The memory of that chinking belt-hidden pile dominated greedily. Had the old man escaped? He would search the hut; what were fifty dogs' teeth? In close quarters he would do for him with one blow.

He was breathing now in deep gasps. The keen edge of the axe severed the hide-hinged door. He rushed it; then stood back swinging the axe in readiness. It did not fall, for the bolt still held it. But this was only what a child would consider a barrier. One blow with the axe-head smashed the bolt. The door fell across the head of the bunk, the end partly blocking the entrance. He struck a side blow that sent it along the bunk.

The dog was dreadfully distressed. The bushman outside thought the cause the fallen door.

Er atmete, ohne sich zu rühren. Es kam kein Laut von Mann oder Hund. In Gedanken sah er, wie sie darauf warteten, daß er die Tür angriffe. Da gab es nichts zu drehen und zu deuteln. Er fuhr mit der Schneide der Axt über das Lederscharnier, schlug zu und trat zurück.

Sofort erschien der Kopf des Hundes. Er ließ kein abwehrendes Bellen hören, aber die feurigen, stechenden Blicke, und der heiße, unterdrückte Atem, den er zwischen den entblößten Fängen zischend hervorstieß, belehrten Stummelhand, daß er bei diesem Kampf trotz der Axt im Nachteil sein könnte, weil er nur eine Hand hatte.

Beim ersten Stoß hatten sich seine Sinne geschärft. Die Talglampe war erloschen, und es gab nicht den leisesten Tagesschimmer in der Hütte. Er bemerkte das neben seinem Augenmerk auf den Hund, während er nach seinem Opfer Ausschau hielt. Es war seltsam, daß der alte Mann nicht kampfbereit dastand. Wo versteckte er sich? War es möglich, daß er die Gefahr gewittert hatte und hinausgeschlüpft war? Er erinnerte sich an die Warnung des Hundes, während sein Herr den Schatz zählte. Die Erinnerung an den klimpernden, im Gürtel versteckten Geldhaufen stachelte seine Gier an. War der alte Mann entkommen? Er würde die Hütte absuchen – was bedeuteten schon fünfzig Hundezähne? Im Nahkampf konnte er den Hund mit einem einzigen Schlag erledigen.

Er atmete jetzt in keuchenden Stößen. Die scharfe Schneide der Axt zerschnitt das lederne Scharnier der Tür. Er stieß dagegen und trat zurück, die Axt hoch erhoben. Die Tür fiel nicht um, denn der Riegel hielt sie noch. Doch das war nur eine Hürde in einem Kinderspiel. Ein Schlag mit der Axt zerschmetterte den Riegel. Die Tür kippte gegen das Kopfende der Pritsche, und ihr unterer Teil blockierte den Eingang. Er versetzte ihr einen Schlag von der Seite, und sie fiel über die ganze Länge der Pritsche.

Der Hund regte sich fürchterlich auf. Der Buschmann vor der Hütte glaubte, es sei wegen der eingestürzten

Face to face they met – determined battle in the dog's eyes met murder in the man's. He brandished an axe circuit, craned his neck, and by the dull light of the fire searched the hut. He saw no one but the dog. Unless his master was under the bunk, he had escaped. The whole plot broke on him quite suddenly! The cunning old miser, knowing his dog would show his flight by following, had locked him in, and he had wasted all this time barking up the wrong tree. He would have done the old man to death that minute with fifty brutal blows. He would kill him by day or night.

He ran round the brush sheep-yard, kicking and thrusting the axe through the thickest parts. He had not hidden there, nor among the myall clump where he had practised his bloody plot. The dog stood at the doorway of the hut. He saw this as he passed through the sheep on his way to search the creek. He was half-minded to try to invite the dog's confidence and co-operation by yarding them.

He looked at them, and the moonlight's undulating white scales across their shorn backs brought out the fresh tar brand 8, setting him thinking of the links of that convict-gang chain long ago. Lord, how light it must be for him to see that!

He held out his hand again. There was no perceptible change in the light. There were hours yet before daylight. He moulded his mind to that.

The creek split the plain, and along it here and there a few she-oak blots defined it. He traversed it with his eyes. There were no likely
56 hiding-places among the trees, and it would be
57 useless to search them. Suddenly it struck him

Tür. Sie standen sich nah gegenüber: Kampf bis aufs äußerste in den Augen des Hundes, Mord in denen des Mannes. Er schwang die Axt in hohem Bogen, reckte den Hals vor und suchte beim matten Feuerschein die Hütte ab. Er sah den Hund und sonst niemand. Wenn sein Herr nicht unter der Pritsche steckte, dann war er ausgerissen. Plötzlich ging ihm der ganze Plan auf! Der listige alte Geizkragen, der genau wußte, daß sein Hund ihm folgen und dadurch seine Flucht verraten würde, hatte das Tier eingesperrt. Und Stummelhand hatte all seine Zeit damit vergeudet, daß er vor der falschen Höhle lauerte. Er hätte den alten Mann auf der Stelle mit fünfzig brutalen Hieben totschlagen können. Er würde ihn umbringen bei Tag oder bei Nacht.

Er rannte um die Hürden-Hecke herum und hieb mit der Axt auf die dichtesten Stellen ein. Dort hatte er sich nicht versteckt, auch nicht zwischen den Myall-Bäumen, wo er selbst sich die elende Tat ausgedacht hatte. Der Hund stand in der Türöffnung der Hütte. Er sah es, als er zwischen den Schafen hindurchging, um den Bach unten abzusuchen. Er hatte beinahe Lust, das Vertrauen des Hundes zu gewinnen, indem er ihm half, die Schafe zusammenzutreiben.

Er betrachtete sie, und das wellige, weiße Licht des Mondes auf ihren geschorenen Rücken ließ das frische Teerzeichen erkennen, eine 8, was ihn an die Kettenglieder der Zuchthäuslerrotte längst vergangener Tage erinnerte. Himmel, wie hell es schon sein mußte, wenn er das erkennen konnte!

Wieder streckte er die Hand aus. Das Licht schien nicht merklich zugenommen zu haben. Es dauerte noch Stunden bis zum Anbruch des Tages. Er stellte sich darauf ein.

Der Bach ging mitten durch die Ebene; längs seines Laufs standen hier und da Gruppen von Kasuarinen-Bäumen. Er musterte sie. Es war unwahrscheinlich, daß es zwischen den Bäumen Verstecke gab, und er brauchte sie nicht abzusuchen. Plötzlich kam ihm in den Sinn, der alte

that the old man might be creeping along with the sheep – they were so used to him. He ran and headed them, driving them swiftly back to the yard. Before they were in he knew he was wrong. Again he turned and scanned the creek, but felt no impulse to search it. It was half a mile from the hut. It was impossible that the old man could have got there, or that he could have reached the more distant house. Besides, why did the dog stay at the door unless on guard? He ran back to the hut.

The dog was still there, and in no way appeased by the yarding of the sheep. He swore at the threatening brute, and cast about for a gibber to throw, but stones were almost unknown there. A sapling would serve him! Seven or eight myall logs lay near for firewood, but all were too thick to be wielded. There was only the clump of myalls, and the few stunted she-oaks bordering the distant creek. To reach either would mean a dangerous delay. Oh, by God, he had it! These poles keeping down the bark roof. He ran to the back of the hut, cut a step in a slab and, putting his foot in it, hitched the axe on one of the desired poles and was up in a moment. He could hear the cabbage fronds hanging from the rafters shiver with the vibration, but there was no other protest from inside.

He shifted a sheet of rotten bark; part of it crumbled and fell inside on the prostrate door, sounding like the first earth on a coffin, in a way that the dog particularly resented. He knelt and carefully eyed the interior. The dog's glittering eyes met his. The door lay as it had
58 fallen along the bunk. The fire was lightless,
59 yet he could see more plainly, but the cause was

Mann könnte mit den Schafen zusammen davonschleichen: sie waren so an ihn gewöhnt! Er lief nach vorn, der Herde voraus, und trieb sie rasch zum Pferch zurück. Noch ehe er sie drinnen hatte, wußte er, daß es ein Irrtum war. Wieder wandte er sich um und musterte den Bach, doch er mochte ihn nicht absuchen. Der verlief eine halbe Meile von der Hütte entfernt. Es war unmöglich, daß der alte Mann dort hingelangt war oder daß er das weiter entfernte Haus erreicht hatte. Überhaupt: warum blieb der Hund auf der Schwelle stehen, wenn nicht, um Wache zu halten? Er rannte zur Hütte zurück.

Der Hund war noch dort. Er war keineswegs friedlicher geworden, auch wenn die Schafe nun wieder im Pferch waren. Er beschimpfte das ihn bedrohende Vieh und sah sich nach einem Stein um, mit dem er nach ihm werfen wollte, doch Steine waren in dieser Gegend fast unbekannt. Eine Rute würde ihm gute Dienste leisten! Sieben oder acht Myall-Blöcke lagen zum Spalten da, aber zum Schleudern waren sie alle zu dick. Sonst war nur noch die Gruppe der Myall-Bäume da und die paar verkrüppelten Kasuarinen, die den Bach säumten. Beide waren zu weit entfernt, und zu ihnen zu gelangen, würde nur eine gefährliche Verzögerung bedeuten. Oh, bei Gott, jetzt hatte er's! Die Pfähle, die das Borkendach stützten! Er lief hinter die Hütte, hieb sich ein Brett als Fußtritt zurecht, schlug die Axt in einen der begehrten Pfähle und zog sich hoch. Im Nu war er auf dem Dach. Er hörte, wie die von den Balken hängenden Palmwedel raschelten, doch es drang kein Protest aus der Hütte.

Er schob eine Platte morscher Borke beiseite: ein Teil zerbröckelte und fiel in die Hütte hinein, auf die liegende Tür. Es klang wie die erste Handvoll Erde auf einem Sarg, was den Hund besonders wütend machte. Stummelhand kniete hin und spähte ins Innere. Sein Blick kreuzte sich mit dem funkelnden Blick des Hundes. Die Tür lag noch so, wie sie auf die Pritsche gestürzt war. Das Feuer leuchtete nicht mehr, und doch konnte er deutlicher sehen,

not manifest, till from the myalls quite close the jackasses chorused. From his post the dog sent them a signal. Quite unaccountably the man's muscles relaxed. "Oh, Christ!" he said, dropping the pole. He sprang up and faced the east, then turned to the traitorous faded moon. The daylight had come.

The sweat stung his quivering body. Slowly, he made an eye circuit round the plain; no human being was in sight. All he had to face was a parcel of noisy jackasses and a barking dog! He would soon silence the dog. He took the pole and made a jab at the whelping brute. One thing he noticed, that if he did get one home, it was only when he worked near the horizontal door. His quickened senses guessed at the reason. He could have shifted the door easily with his pole, yet feared, because, if the old man were under, he would expose himself to two active enemies. He must get to close quarters with the dog, and chop him in two, or brain him with the axe.

He ripped off another sheet of bark, and smashed away a batten that broke his swing. Encircling a rafter with his hooked arm, he lay flat, his feet pressing another just over the bunk, because only there would the dog hold his ground. One blow well directed got home. He planted his feet firmly, and made another with such tremendous force that his support snapped. He let go the axe and it fell on the door. He gripped with his hand the rafter nearest, but strain as he would he could not balance his body. He hung over the door, and the dog sprang at him and dragged him down. In bitten agony, he dropped on the door, that instantly up-ended.

warum, das war ihm erst unbegreiflich. Da hörte er ganz nahe unter den Myall-Bäumen den Chor der Schakale. Der Hund auf seinem Wachtposten gab ihnen ein Signal. Die Muskeln des Mannes erschlafften plötzlich. «Jesus!» rief er und ließ den Pfahl fallen. Er sprang auf und sah gen Osten, dann drehte er sich um, dorthin, wo der Mond verräterisch blaß wurde. Der Tag war angebrochen!

Der Schweiß biß ihn in den zitternden Körper. Langsam ließ er seine Blicke rings über die Ebene schweifen: kein menschliches Wesen war in Sicht. Er mußte sich nur gegen ein Rudel lärmender Schakale und einen bellenden Hund durchsetzen. Den Hund würde er rasch zum Schweigen bringen! Er würde den Pfahl packen und damit nach dem jaulenden Vieh stechen. Er sah ein, daß er es nur dann treffen konnte, wenn er sich in die Nähe der flach liegenden Tür arbeitete. Seine geschärften Sinne errieten den Grund. Er hätte die Tür wohl mit dem Pfahl beiseite schieben können, befürchtete aber, daß er, falls der alte Mann sich darunter verbarg, gleich zwei angreifenden Feinden ausgesetzt wäre. Er mußte in die Nähe des Hundes gelangen und ihm mit der Axt den Rücken zerschlagen oder ihm über den Kopf hauen.

Er riß noch eine Lage Borke herunter und zerschlug ein Brett, das seiner Bewegung hinderlich war. Er umklammerte mit seinem verkrüppelten Arm einen Balken und legte sich flach hin; mit den Füßen drückte er sich über die Pritsche vor, denn nur dort würde der Hund sich ihm widersetzen.

Ein gut gezielter Schlag mußte ihn treffen. Er stemmte die Füße ein und schlug mit so ungeheurer Wucht zu, daß sein Halt nachgab. Er ließ die Axt los, und sie fiel auf die Tür. Er griff mit der Hand nach dem nächsten Balken, doch so sehr er sich auch reckte, er fand keinen Halt. Schon hing er über der Tür, und der Hund sprang hoch und zerrte ihn nach unten. Schrecklich zerbissen fiel er auf die Tür, die sich dadurch sofort aufstellte.

It was daylight, and in that light the power of those open eyes set in that bald head, fixed on the billy beside the dead fireplace, was mightier than the dog. His unmaimed hand had the strength of both. He lifted the door and shielded himself with it as he backed out.

But that was not all the dog wanted. At the doorway he waited to see that the fleeing man had no further designs on the sheep.

It was the time they were feeding. Though the hurdles were down, even from the doorway, the dog was their master. He waited for commands from his, and barked them back till noon.

Several times that day the ewe and lamb came in, looked without speculation at the figure on the bunk, then moved to the dead fireplace. But though the water in the billy was cold, the dog would not allow either to touch it. That was for tea when his master woke.

There was another circumstance. Those blowflies were welcome to the uncovered mutton. Throughout that day he gave them undisputed right, but they had to be content with it.

Next day the ewe and lamb came again. The lamb bunted several irresponsive objects – never its dam's udder – baaing listlessly. Though the first day the ewe had looked at the bunk, and baaed, she was wiser now, though sheep are slow to learn. Around that dried dish outside the lamb sniffed, baaing faintly. Adroitly the ewe led the way to the creek, and the lamb followed. From the bank the lamb looked at her, then faced round to the hut and, baaing disconsolately, trotted a few paces back. From the water's edge the mother ewe called. The lamb looked at her vacantly, and without in-

Es war heller Tag, und in diesem Licht war die Macht der offenen Augen in dem kahlen Kopf, die auf den Teekessel neben dem erloschenen Feuer blickten, gewaltiger als der Hund. Seine nichtverstümmelte Hand hatte Kräfte für zwei. Er riß die Tür hoch, benutzte sie als Schild und floh hinaus.

Doch damit war der Hund noch nicht zufrieden. Er blieb auf der Schwelle stehen, bis er sah, daß der Flüchtende keine weiteren Anschläge auf die Schafe im Sinn hatte.

Es war an der Zeit, daß sie zu fressen bekamen. Obwohl die Hürden nun offen waren, blieb er doch, selbst von der Türschwelle aus, Herr über sie. Er wartete auf Befehle seines Herrn und bellte sie bis gegen Mittag in den Pferch zurück.

Ein paarmal kamen das Mutterschaf und das Lamm in die Hütte, blickten verständnislos auf die Gestalt auf der Pritsche und gingen dann zu der erloschenen Feuerstelle. Aber obwohl das Wasser im Teekessel kalt war, duldete der Hund nicht, daß sie daran rührten. Es war für den Tee bestimmt – wenn der Herr erwachte.

Und da war noch etwas: Diese Schmeißfliegen da taten sich an dem unzugedeckten Hammelfleisch gütlich. Der Hund ließ sie den ganzen Tag gewähren – aber sie mußten sich damit auch zufrieden geben.

Am folgenden Tag erschienen Mutterschaf und Lamm abermals. Das Lamm stieß gegen mehrere leblose Gegenstände – nie gegen das Euter der Alten – und blökte matt. Obschon das Mutterschaf am voraufgegangenen Tag auf die Pritsche geblickt und geblökt hatte, war sie heute gescheiter, wenn Schafe auch langsam lernen. Draußen vor der Schüssel mit seinem eingetrockneten Futter schnupperte das Lamm und blökte leise. Geschickt führte die Alte ihr Lamm an den Bach hinunter. Unten am Ufer blickte das Lamm sie an, drehte sich dann zur Hütte um, blökte untröstlich und trabte ein paar Schritte zurück. Das Mutterschaf stand am Wasser und rief. Das Lamm blickte die Alte verloren an und stieg teilnahmlos zu ihr hinun-

terest descended. The ewe bent and drank sparingly, meaningly. The lamb sniffed the water and, unsatisfied, complained. The hut was hidden, but it turned that way.

Again the ewe leisurely drank. This time the lamb's lips touched the water, but did not drink. Into its mouth raised to bleat a few drops fell. Hastily the mother's head went to the water. She did not drink, but the lamb did. Higher up, where the creek was dry, they crossed to tender grass in the billabong, then joined the flock for the first time.

Through the thicker mist that afternoon a white-tilted cart sailed joltingly, taking its bearings from the various landmarks rather than from the undefined track. It rounded the scrub, and the woman, with her baby, kept watch for the first glimpse of her home beyond the creek. She told her husband that there was no smoke from the nearer shepherd's hut, but, despite his uneasiness, he tried to persuade her that the mist absorbed it.

It was past sundown, yet the straggling unguarded sheep were running in mobs to and from the creek. Both saw the broken roof of the hut, and the man, stopping the horse some distance away, gave the woman the reins and bade her wait. He entered the hut through the broken doorway, but immediately came out to assure himself that his wife had not moved.

The sight inside, of that broken-ribbed dog's fight with those buzzing horrors, and the reproach in his wild eyes, was a memory that the man was not willing she should share.

ter. Das Mutterschaf senkte den Kopf und trank wenig, aber bedeutsam. Das Lamm beschnupperte das Wasser, war nicht zufrieden und beklagte sich. Obwohl die Hütte von hier aus nicht zu sehen war, drehte es sich dorthin um. Wieder trank die Mutter in aller Ruhe. Diesmal berührten die Lippen des Lämmchens das Wasser, doch trank es nicht. Als es den Kopf hob, um zu blöken, fielen ihm ein paar Tropfen ins Maul. Hastig senkte die Mutter den Kopf über das Wasser. Sie trank nicht, aber das Lamm tat es. Weiter oben, wo der Bach ausgetrocknet war, überquerten sie ihn und zogen ins zarte Gras im trockenen Seitenarm. Dann schlossen sie sich zum erstenmal der Herde an.

Am Nachmittag gab es noch dichteren Nebel, durch den holpernd ein weiß überdachter Karren segelte. Er richtete sich eher nach verschiedenen Orientierungszeichen als nach der kaum sichtbaren Spur. Er bog um ein Gebüsch, und die Frau mit ihrem Baby hielt Ausschau nach ihrem Haus jenseits des Baches. Sie sagte ihrem Mann, daß aus der näher gelegenen Schäferhütte kein Rauch aufstiege. Zwar war es ihm unbehaglich bei dem Gedanken, doch er versuchte ihr einzureden, daß der Nebel den Rauch verschluckt habe.

Es war schon nach Sonnenuntergang, und doch rannten die Schafe ungeordnet und führerlos zum Bach und zurück. Beide sahen das eingesunkene Dach der Hütte, und der Mann brachte das Pferd in einiger Entfernung zum Stehen, gab seiner Frau die Zügel und bat sie, zu warten. Er trat durch die Türöffnung, kam aber gleich wieder nach draußen, um sich zu überzeugen, daß seine Frau nicht nähergekommen war.

Das Bild drinnen, der Kampf des humpelnden Hundes mit den grauenhaften Schmeißfliegen und der vorwurfsvolle Blick in seinen Augen – es war eine Erinnerung, an der seine Frau nicht teilhaben sollte.

Randolph Bedford
Fourteen Fathoms by Quetta Rock

The palm-fronds threshed softly. Night to midnight the land breeze became too strong for anything but the frangipani scent; the palm-fronds threshed through the air saturated with moonlight; the red lamp on the jetty showed as a purple stain.

The last of the pilots of Torres Straits went to bed; the Grand Hotel of Thursday Island closed its bar; but the two barefoot men on the veranda talked on the topic that had lasted since dusk – the wreck of the *Pandora* – and one man, Pipon, tried to soothe the other, Moresby, who talked without ceasing of the wreck and twenty thousand pounds' worth of pearls.

"Can we get a launch, Jim?" he asked.

"I told you no," replied Pipon. "Bear up, old man; y' can have a lugger."

"A lugger and a dead calm? It would be worse than waiting here."

"Well, quiet a bit!"

"Quiet! How can I be – when I am in a fever to be there?"

He looked south as if trying to make out the coast of Australia, now the ghost of a shadow in the moon haze and sea blur.

"What could you do if you were, Martin?"

"I could stand by the wreck; I could ——"

"You couldn't do any good. It's lucky Phil Regard is coming to-morrow. He's the British India diver. He'll do all there is to be done."

"My pearls, Tom! The big one and nine ounces of little ones. Oyley was bringing them up. What depths did the *Pandora* sink in?"

"Nobody knows, old man, or how she went.

Randolph Bedford
Vor Quetta Rock, vierzehn Faden tief

Die Palmwedel schlugen sanft klatschend durch die Luft. Gegen Mitternacht wurde die Landbrise so stark, daß nur noch der Jasminduft vorherrschte. Die Palmwedel droschen durch die mondscheingetränkte Luft. Die rote Lampe auf dem Pier schimmerte wie ein purpurner Fleck.

Von den Lotsen der Torres-Meerenge ging auch der letzte zu Bett; im Grand Hotel auf der Thursday-Insel schloß die Bar; doch die beiden barfüßigen Männer auf der Veranda sprachen über ein Thema, bei dem sie schon seit der Dämmerung waren – über das Wrack der *Pandora* –, und der eine Mann, Pipon, versuchte den andern Mann, Moresby, zu beschwichtigen, denn er sprach unermüdlich von dem Wrack und von Perlen im Werte von zwanzigtausend Pfund.

«Können wir keine Barkasse kriegen, Jim?» fragte er.

«Nein, das sagte ich doch schon», erwiderte Pipon. «Geduld, Alter! Sie können einen Lugger kriegen.»

«Einen Lugger bei solcher Flaute? Das wäre ja schlimmer, als hier abzuwarten.»

«Dann kommen Sie erstmal zur Ruhe!»

«Wie kann ich zur Ruhe kommen, wenn ich danach fiebre, dort zu sein?»

Er blickte gen Süden, als versuchte er, die Küste von Australien zu erkennen, die sich im Meeresdunst und Mondnebel nur wie ein geisterhafter Schatten erstreckte.

«Was könnten Sie, wenn Sie dort wären, Martin?»

«Ich könnte nahe beim Wrack sein; ich könnte . . .»

«Sie könnten überhaupt nichts ausrichten. Ein Glück, daß Phil Regard morgen kommt. Der beste Taucher von Britisch-Indien! Der tut alles, was getan werden kann!»

«Meine Perlen, Tom! Die große und neun Unzen von den kleinen! Oyley hat sie geholt. Auf welche Tiefe ist die *Pandora* gesunken?»

«Das weiß keiner, mein Guter, auch nicht, wie sie unter-

The skipper was a good man – exempt, too. Knew every key and every inch of reef – and there's millions of 'em."

"It was my rotten luck, Tom, to miss the *Pandora* by five minutes and then pick up the *Maranea* to catch her here, and find when I did get here that she'd sunk fifty or a hundred miles south.

And there's my pearls – Oyley was taking charge of them – and then I missed the ship. Oh, gimme a raft and I'll start!"

"Not you! Come on, take a fool's advice and sleep. You'll leave it all to Phil Regard."

The grass trees rustled softly to the poinciana as the men went to bed; the breeze strengthened to a wind and replaced perfume with a taste of salt; from the veranda above a man began to whimper – a man that had seen death and terror and was now dreaming it all over again and shrieking out the story in his recurrent nightmare – the one survivor of the *Pandora*, who had been picked up by a pearling lugger.

"She's going! Two minutes – you can't get the boats out of the chocks. Why didn't they have boat practice? You can't! You can't! Don't scream, women – dear women, don't scream – it's better to drown than —— Ah, my God, the sharks! the sharks!"

Druce, the pilot of Torres Straits, boarded that slow, comfortable, old-time high-pooped steamer of the tea-clipper type, the *Airlie*, at Goode Island, and brought her up in the early dawn to the wharf at Thursday. A big, brown-eyed man was the first to land; he was a man in a hurry – in a hurry for news, at least. He waited for

gegangen ist. Der Kapitän war ein guter Mann – auch erfahren. Kannte jede Sandbank und jedes Riff, jeden Zoll darauf – und dabei gibt's Millionen solche.»

«Es war mein verdammtes Pech, Tom, daß ich für die *Pandora* um fünf Minuten zu spät kam und die *Maranea* nahm, um hier die *Pandora* zu erreichen – und dann komme ich her und entdecke, daß sie fünfzig oder hundert Meilen weiter südlich untergegangen ist. Meine Perlen an Bord – Oyley hatte sie in Verwahrung –, und ich verpasse das Schiff! Oh, hätt ich doch ein Floß, ich würde gleich aufbrechen!»

«Ach was. Kommen Sie, lassen Sie sich einen albernen guten Rat geben: gehn Sie schlafen! Überlassen Sie alles Phil Regard!»

Die Grasbäume raschelten leise vor den Cäsalpinien, als die Männer zu Bett gingen; die Brise wurde kräftiger und schlug in Wind um, und der Jasminduft hatte einen Beigeschmack nach Salz; auf der Veranda weiter oben wimmerte ein Mann im Schlaf

– ein Mann, der Tod und Entsetzen gesehen hatte und es jetzt im Traum alles noch einmal erlebte und in ewig wiederkehrendem Alpdruck hinausschrie – der einzige Überlebende von der *Pandora*, der von einem Perl-Lugger aufgefischt worden war.

«Sie sinkt! Zwei Minuten – die Boote wollen nicht aus den Klampen schwingen. Warum gab's nie Boots-Appell? Ihr könnt nicht, ihr könnt nicht! Schreit doch nicht, ihr Frauen, schreit doch nicht so! Ertrinken ist besser als – o Gott, da sind sie! Die Haie! Die Haie!»

Druce, der Lotse der Torres-Meerenge, ging in Goode Island an Bord des langsamen, bequemen, altmodischen Dampfers *Airlie* vom Tee-Klipper-Typ mit der hohen Achterhütte, und im ersten Morgengrauen brachte er das Schiff in Thursday auf die Werft. Ein großer Mann mit braunen Augen war der erste, der an Land ging. Er war in Eile, das heißt, er wollte eiligst Nachrichten haben.

neither bath nor breakfast, but aroused an irritated postmaster and begged so for telegrams that the postmaster gave him his mail long before the beginning of office hours. There were many newspapers, and he did not look at them; a dozen letters, all man-directed and official, and he put them in his pocket. A bitter disappointment settled on his face – the letter from the beloved was not there. He found new hope in the telegrams. Alas! They were as the letters; and his heart was heavy then. This diver, who knew no fear that he could not fight down, fought against his disappointment and could not conquer it.

"I telegraphed her from Darwin, and she hasn't wired a reply. She's thoughtless, not cruel, not cruel – my girl."

He took from his pocket-book a photograph; looked at it and put it back again.

"God bless her! I'll telegraph again, and in seven days we'll be together – for a month, anyhow. But – she might have made sure of not missing the post; a letter would make me a king to-day."

He returned to duty by taking a telegram from his pockets, and a fierce resentment held him for a moment as he read it:

"*Pandora* sunk; locate wreck; if not impossible, recover gold, ship's papers. B.P. provide tug and tender; made splendid terms."

So he would not see her in a week – happiness was to be postponed again. He thought of the long two months of salvage diving in the Flores Sea. Three months since he had seen her, and now there was to be another fortnight
70 of hunger for her!

71 But hope came to his comfort. "Another year

Er wartete weder Bad noch Frühstück ab, sondern weckte den ärgerlichen Postvorsteher und bat so dringend um Telegramme, daß der Postvorsteher ihm lange vor Beginn der Schalterstunden seine Post aushändigte. Es waren viele Zeitungen dabei, die beachtete er gar nicht; dann ein Dutzend Briefe, lauter amtliche und berufliche, die steckte er in die Tasche. Auf seinem Gesicht zeigte sich bittere Enttäuschung – der Brief von seiner Liebsten war nicht da. Bei den Telegrammen schöpfte er neue Hoffnung. O weh, es war das gleiche wie bei den Briefen, und das Herz wurde ihm schwer. Der Taucher, der keine Furcht kannte, deren er nicht Herr wurde, kämpfte gegen seine Enttäuschung an und konnte sie nicht überwinden.

«Ich hab ihr von Darwin telegraphiert, und sie hat mir keine Antwort geschickt. Sie ist unbekümmert, mein Mädchen – nicht grausam, nein, nicht grausam!»

Er zog eine Photographie aus der Brieftasche, betrachtete sie und steckte sie wieder weg.

«Gott behüte sie! Ich werde ihr nochmals telegraphieren, und in sieben Tagen sind wir zusammen, wenigstens einen Monat lang. Aber sie hätte sich's ausrechnen können, um die heutige Post nicht zu verfehlen: ein Brief hätte mich überglücklich gemacht.»

Er wandte sich seinen Pflichten zu und holte ein Telegramm aus der Tasche. Als er es las, packte ihn einen Augenblick wilder Groll; er las:

«*Pandora* gesunken. Wrack auffinden. Falls nicht unmöglich, Gold sicherstellen, Schiffspapiere. B. P. stellen Schlepper mit Maschinist. Machen glänzendes Angebot.»

Also würde er sie in einer Woche noch nicht wiedersehen. Das Glück mußte abermals verschoben werden. Er dachte an die langen zwei Monate mit Bergungsarbeiten in der Flores-See. Ein Vierteljahr, seit er sie nicht gesehen hatte, und nun noch weitere vierzehn Tage sich in Sehnsucht nach ihr verzehren!

Doch die Hoffnung kam ihm zu Hilfe. «Noch ein Jahr,

and I'll have made enough to retire on, with this new chance. Then no separation!"

So he went to Burns Philp and arranged for the departure of the little steamer, hired diving tenders and had his diving gear brought from the *Airlie*'s hold. It was then that Moresby found him – Moresby of the drowned pearls; and the commission made Phil Regard almost gay.

"Oyley had 'em," said Moresby. "I gave them to him to mind because I was going on a spree in Brisbane."

"Was he straight, d'ye think?"

"I think so. He put 'em in a little steel box in his trunk – he had his own pearls in the box – and his wife had the key on a chain round her neck."

"What was the number of his cabin, and what was he like?"

"A dark, red-moustached chap – cabin number 41–43 B, port side, near the music room."

"You know the ship?"

"I tell you I sailed on her from Sydney to Brisbane and lost my passage at Brisbane through going to the races. I gave the pearls to Oyley when I was going ashore. But you will get 'em again, mate?"

"I don't know. Nobody knows where she foundered. But if I do?"

"Five hundred pounds."

With the lack of ceremony characteristic of the latitude, every man in the bar joined in the conversation.

"Five hundred pounds?" said Druce, the pilot. "Five hundred pounds for dredgin' fifteen or twenty thousand pounds out o' the Pacific

und ich habe so viel verdient, daß ich mich zur Ruhe setzen kann – vor allem nach diesem neuen Angebot! Und dann keine Trennung mehr!»

Er ging also zu Burns Philp und besprach die Abfahrt des kleinen Dampfers, heuerte Tauch-Maschinisten an und ließ sich seine Taucherausrüstung aus dem Laderaum der *Airlie* holen. Dann fand ihn Moresby, Moresby mit den untergegangenen Perlen; und der Auftrag stimmte Phil beinah heiter.

«Oyley hatte sie», erzählte Moresby. «Ich gab sie ihm zur Aufbewahrung, weil ich in Brisbane eine Kneipenrunde unternahm.»

«War er zuverlässig? Oder was meinen Sie?»

«O doch! Er hat sie in einem kleinen Stahlkasten in seinen Koffer gelegt – er hatte auch seine eigenen Perlen in dem Kasten –, und seine Frau trug den Schlüssel an einer Kette um den Hals.»

«Was für eine Nummer hatte seine Kabine, und wie sah er aus?»

«Ein dunkler Mensch mit rotem Schnurrbart, Kabinennummer 41–43 B, Backbordseite, in der Nähe vom Musikzimmer.»

«Kennen Sie das Schiff?»

«Ich sagte Ihnen doch, daß ich auf ihm von Sydney nach Brisbane fuhr und in Brisbane die Abfahrt verpaßte, weil ich zu den Rennen gegangen war. Ich gab Oyley die Perlen, als ich an Land ging. Aber sie verschaffen sie mir wieder, nicht wahr, mein Junge?»

«Das weiß ich nicht. Kein Mensch weiß, wo die *Pandora* untergegangen ist. Und wenn ich sie finde?»

«Fünfhundert Pfund.»

Mit dem Mangel an Zurückhaltung, der für jene Breitengrade typisch ist, mischten sich alle in der Bar in die Unterhaltung.

«Fünfhundert Pfund!» rief Druce, der Lotse. «Fünfhundert Pfund dafür, daß er fünfzehn- bis zwanzigtausend Pfund aus dem Stillen Ozean holt! So viel ist es

Ocean? It's worth that to find the old hulk that hit the rock somewhere, and did me out o' pilot fees."

"I thought it wouldn't be hard to find the wreck," said Moresby. "If ——"

"Oh," replied Druce, "if your aunt had whiskers she'd be your uncle. Why, I know ten wrecks about here that no man knows the name of – ships that were never missed. You know, too, don't you, Dan'l?"

An old man, bent and wizened, replied quaveringly, "I've seen below me – when I've been down – old Spanish ships an' old Dutch ships an' old Portuguese down below; me in twenty fathoms water an' them deep below, me man ——"

"Twenty fathoms – too much," said the big diver. "I've got a girl at home and she wants me. Fifteen fathoms is all I care to go."

"Aa – ah!" said the old diver, nipping with his strong and crooked fingers the arm and leg muscles of Phil Regard, "I was as strong and straight as ye; but deep divin' an' showin' off above the other min, an' takin' no notice o' the shootin' pains in me legs – callin' it rheumatics, an' all the time 'tis the paralyser warnin' ye. An' then twenty-three fathom I went, an' hauled up – I was a cripple."

He laughed as he spoke, but there was in his eye a tear of sorrow for his own dead strength; and, to cover his self-pity, he said, with a feeble attempt at gaiety:

"But 'tis only here I am a cripple! Put me down in fifteen or twenty fathom and give me the pressure on me skin again an' a four-knot tide, an' I'll fly along the floorin' of the sea like a sunbird."

schon allein wert, wenn er bloß den alten Schiffsrumpf findet, der irgendwo auf den Felsen stieß und mich um meine Lotsengebühr gebracht hat.»

«Ich dachte, es wäre nicht schwierig, das Wrack zu finden», entgegnete Moresby.

«Ja, ja», sagte Druce, «wenn deine Tante 'n Schnurrbart hätte, wär sie dein Onkel. Ich kenne allein zehn Wracks hierherum, von denen kein Mensch den Namen weiß – Schiffe, deren Verlust nie gemeldet wurde. Sie kennen sie auch, nicht wahr, Daniel?»

Ein alter zusammengekrümmter und verrunzelter Mann erwiderte mit zittriger Stimme: «Als ich unten war, hab ich unter mir Schiffe gesehn, alte spanische Schiffe und alte holländische Schiffe und alte portugiesische Schiffe: ich war zwanzig Faden tief – aber die waren noch viel tiefer, mein lieber Herr...»

«Zwanzig Faden – das ist mir zu viel», sagte der berühmte Taucher. «Ich hab zu Haus ein Mädchen, das auf mich wartet. Fünfzehn Faden – tiefer geh ich nicht!»

«Ah – ah!» sagte der alte Taucher und kniff mit seinen verkrümmten Fingern in die Arm- und Beinmuskeln von Phil Regard, «ich war auch mal so stark und gerade wie Sie – aber tief tauchen und prahlen vor den andern und nicht auf die stechenden Schmerzen in den Beinen achten – nannte das immer Rheuma, und dabei war's schon die Lähmung, die einen warnt. Und dann bin ich auf dreiundzwanzig Faden gegangen – und wurde raufgeholt – und war ein Krüppel.»

Er lachte, während er sprach, doch in den Augen standen ihm Tränen der Betrübnis ob seiner verlorenen Kraft, und um seine Selbstbemitleidung zu verstecken, unternahm er einen schwachen Versuch, lustig zu sein:

«Aber ich bin nur hier oben ein Krüppel! Laßt mich wieder runter in fünfzehn oder zwanzig Faden Tiefe und gebt mir wieder den richtigen Druck – bei vier Knoten Flut –, und ich fliege euch über den Meeresgrund wie ein Sonnenvogel!»

"And you're offering five hundred pounds for the chance of that?" said Druce to Moresby. "Open your heart, Moresby."

"A thousand, then," said Moresby. "I want to be fair, and it's all to nothing."

"It isn't," said Phil Regard. "I've got to go below on another contract, and you think I've only got to open a cabin door and take a key from some poor dead woman and open a box. But that means two extra corners to go round, and the more corners the more chances of fouling. It's your pearls to my life. I want a certainty."

"Here y' are, then," said Moresby. "A hundred pounds for opening the cabin door and I'll take your word for it, and a thousand if you bring back the pearls."

"It's a deal," agreed Phil Regard.

The warning bell of the *Airlie* clanged, and Druce departed to his pilotage. Phil Regard, as yet only half resigned, saw the steamer that should have borne him south disappear down the channel, rounding the Residency, and so away to open sea, then he resolutely put regrets behind him and went to his tug and tender to prepare for his attempt to find a few thousand tons of foundered metal in an immensity of blue.

The survivor of the *Pandora* had become quiet enough to talk of the wreck.

"I was steerage steward," he said. "Mister, I can't think! Stay by me, mister – don't leave me alone."

"Hold on to my coat, if you like. I'll stand by."

76 "We never had a boat practice – rottin' in the
77 chocks, the boats were. It was about eleven at

«Und für solche Gefahren bieten Sie nur fünfhundert Pfund, Moresby?» sagte Druce. «Geben Sie mal Ihrem Herzen einen Stoß!»

«Also tausend Pfund», sagte Moresby. «Ich möchte fair sein, und es kommt ja doch nichts dabei raus.»

«Das stimmt nicht», sagte Phil Regard. «Ich muß einen neuen Vertrag aushandeln; Sie meinen, ich brauchte nur die Kabinentür aufzumachen und einer armen toten Frau den Schlüssel vom Hals zu nehmen und den Koffer aufzuschließen. Doch das bedeutet zwei weitere Ecken, die ich nehmen muß, und je mehr Ecken, um so größer ist die Gefahr, daß etwas durcheinandergerät. Ihre Perlen stehen gegen mein Leben. Ich möchte Sicherheit.»

«Also gut», sagte Moresby. «Hundert Pfund fürs Öffnen der Kabinentür, wobei ich Ihnen aufs Wort glaube, und tausend Pfund, wenn Sie mir die Perlen wiederbringen.»

«Abgemacht», willigte Phil Regard ein.

Die Glocke der *Airlie* ertönte, und Druce brach auf, um seine Lotsenarbeit zu verrichten. Phil Regard, der sich noch nicht ganz mit seinem Schicksal abgefunden hatte, sah den Dampfer, der ihn hätte gen Süden bringen sollen, die Meerenge hinabfahren, um die Residency herum und hinaus aufs offene Meer. Dann verscheuchte er energisch das letzte Bedauern und ging zum Schleppkahn und dem Maschinisten hinüber, um seinen Versuch vorzubereiten, in einer blauen Unendlichkeit ein paar tausend Tonnen untergegangenes Eisen zu entdecken.

Der Überlebende der *Pandora* hatte sich so weit beruhigt, daß er von dem Wrack sprechen konnte.

«Ich war Steuermannsmaat», sagte er. «Mister, ich kann noch nicht denken! Bleiben Sie bei mir, Mister – lassen Sie mich nicht allein!»

«Sie können mich ja an der Jacke festhalten, wenn Sie wollen. Ich bleib schon.»

«Wir hatten nie eine Bootsübung – die Boote verfaulten in den Klampen. Es war gegen elf Uhr abends, eine

night – moonlight, quiet; y' could hear the scrapin' of shovels in the stoke-hole on the flat sheets, and the noise came up the ventilators. An' not a ripple. An' there I'm smoking by the rail, waitin' till I can sneak out on the boat deck to sleep – the glory hole being so hot. An' then it comes. It seemed to get her amidships – that was because she was drawing a lot more water aft. Only one man came out of the engine-room. The quiet people in the cabins had the best death. Sharks got all the deck lot. She ran a minute or two an' I saw the water risin' closer up – an' loosed a raft and went over. It was like hell, mister, the howls. Her decks blew up amidships. . . . An' then on the raft I see white fire cutting the water all over, criss-crossin' it. It was sharks. An' then a yell, an' more criss-crossin' of fire, an' another yell."

"I know! I know!" said Phil Regard, soothingly. "Don't think of it! Help me. Tell me where you think she went down."

"I can't help thinkin' of it. Oh – oh!"

"Steady! Steady! Take a pull at yourself. Where did she go down?"

"A girl of twenty or so – I heard her singing in the saloon the night before – a song about 'Mine, for ever Mine', an' her husband lookin' at her as if he was dyin' for her while she was singin'. He was swimmin' with her when the sharks took him; an' I beat the sea with me 'ands an' brought the raft close, an' I was bringin' her up to the raft —— swish! comes the shark fire, an' she went, too."

The diver's eyes grew moist at that; he thought of his beloved safe at home, and the tragedy touched him nearly. But he said again:

"Where's the *Pandora*?"

mondhelle Nacht, sehr ruhig. Man konnte das Scharren der Schaufeln auf den Eisenplatten im Maschinenraum hören, das Geräusch kam durch die Ventilatoren nach oben. Kein Wellchen. Ich rauche noch so an der Reling und warte, bis ich mich zum Schlafen ans Bootsdeck schleichen kann – es war höllisch heiß unter Deck –, da ist's passiert. Anscheinend hat es sie mittschiffs erwischt, denn die *Pandora* zog achtern sehr viel mehr Wasser rein. Nur ein einziger Mann entkam aus dem Maschinenraum. Die stillen Leute in den Kabinen hatten den schönsten Tod. Was an Deck war, bekamen die Haie. Das Schiff lief noch eine oder zwei Minuten; ich sah, wie das Wasser zu mir hochstieg, und riß mir ein Notfloß ab und ging über Bord. Es war wie die Hölle, Mister, so ein Geheul. Das Deck explodierte mittschiffs... Dann hab ich vom Floß aus gesehn, wie das Wasser überall von weißem Feuer gepeitscht und aufgerissen wird. Haie! Und dann ein Schrei, und wieder reißt das weiße Feuer die See auf, und wieder Schreie!»

«Ich weiß, ich weiß», sagte Phil Regard besänftigend. «Denken Sie nicht dran! Helfen Sie mir! Sagen Sie mir, wo die *Pandora* Ihrer Ansicht nach gesunken ist!»

«Ich muß aber immerzu dran denken. O Gott!»

«Ruhig! Ruhig! Nehmen Sie sich zusammen! Wo ist sie untergegangen?»

«Eine junge Frau – Zwanzig oder so –, ich hab sie am Abend davor im Salon singen hören, ein Lied ‹Mein, ewig mein!›, und ihr Mann hat sie, während sie sang, so angeschaut, als könnt er für sie sterben. Er schwamm neben ihr her, als die Haie ihn schnappten, und ich hab mit den Händen aufs Wasser geschlagen und das Floß herangebracht und war schon dabei, sie raufzuziehen – zisch! kommt der Hai-Angriff, und weg war sie.»

Die Augen des Tauchers wurden feucht; er dachte an seine Liebste, die wohlbehalten daheim war, die Tragödie griff ihm ans Herz. Doch wieder fragte er:

«Wo ist die *Pandora*?»

"I drifted to an island, an' then I went mad, an' the lugger found me."

"To-day is Wednesday. When did the *Pandora* sink? Now, think – listen? We may pick up somebody yet. Tell me."

"She sank on Monday night."

"Where?"

"We made twelve knots to Cape Grenville; then we slowed to ten."

"What time at Cape Grenville?"

The survivor of the *Pandora* wrinkled his brows as if thought were a physical pain, and replied: "Twelve o'clock in the mornin'. Y' can't find her – she'd got no masts, on'y hydraulic winchpoles."

Phil Regard, with the dividers in his hand, said inquiringly:

"And she struck at eleven in the night?"

"It might have been later."

"We'll go on that. Where were you picked up?"

"The lugger came from Bushby Island."

Regard pricked off one hundred and ten miles on the chart. "Somewhere east of Newcastle Bay," he said.

Before noon he had left Thursday Island, taking the direct track with his light-draught tugboat east between Tuesday and Horn Islands; and then, after easting Mount Adolphus Island and thridding the reefs to the south of it, steering south through the turquoise of shallow water and into the sapphire of deep sea, he ran south to Bushby Island and then east over reefs and then north again, and then west, and then zigzag. And the next day he drove slowly over a blackness in the coral bed; a monstrous black

«Ich trieb zu einer Insel, und dann hab ich den Verstand verloren, und dann hat mich der Lugger gefunden.»

«Heute ist Mittwoch. Wann ist die *Pandora* untergegangen? Sie müssen jetzt scharf nachdenken! Vielleicht können wir noch jemand aufsammeln! Sagen Sie's mir!»

«Sie ist Montag abend gesunken.»

«Wo?»

«Bis Cape Grenville haben wir zwölf Knoten gemacht, dann haben wir verlangsamt und sind runtergegangen auf zehn.»

«Um welche Zeit bei Cape Grenville?»

Der Überlebende der *Pandora* zog die Augenbrauen zusammen, als wäre das Nachdenken ein körperlicher Schmerz, und antwortete: «Um zwölf Uhr mittags. Sie können sie nicht finden – sie hat keine Masten, hat bloß Ladebäume.»

Phil Regard, den Zirkel in der Hand, fragte weiter:

«Und um elf Uhr abends ist sie aufgelaufen?»

«Vielleicht war's später.»

«Wir wollen uns daran halten. Wo wurden Sie aufgelesen?»

«Der Lugger kam von der Bushby-Insel.»

Regard stach auf der Seekarte hundertzehn Meilen ab. «Also irgendwo östlich der Newcastle-Bucht», sagte er.

Noch vor Mittag verließ er die Thursday-Insel und hielt mit seinem leichten Netzschlepperboot direkten Kurs ostwärts, zwischen den Tuesday- und den Horn-Inseln, und dann, nachdem er Mount Adolphus Island ostwärts angepeilt und sich südlich davon durch die Riffe geschlängelt hatte, steuerte er nach Süden durch den Türkis des seichten Wassers und wieder in den Saphir der tiefen See. Danach fuhr er südwärts nach Bushby Island und östlich über die Riffe und dann wieder nördlich und dann gen Westen und schließlich im Zickzack. Und am nächsten Tag fuhr er langsam über etwas Schwarzes im Korallen-

thing surrounded by lazy sharks; the *Pandora* – almost on an even keel and sunk in fourteen fathoms.

With a little reluctance, Regard made the preparations necessary for such as dive in dress and helmet, and shaved the moustache that had grown since he had dived in Flores Seas. The growing of the moustache had been an innocent vanity for the pleasure of his wife, who objected to his professionally beardless face, just as the new suit was for her benefit and not to be worn until the day of happy meeting, that he might shine all freshly in her eyes. Then, in the warm shadow of the white awning he stripped and donned the many woollen undergarments and the canvas dress, with its watertight red-rubber bands at wrists and ankles.

The tender put on his feet the great brass-toed boots of twenty-eight pounds weight; and when he had climbed to the ladder and placed his feet upon the rungs, they screwed his twenty-eight-pound copper helmet on the collar-ring and hung thirty-eight pounds of lead upon his breast and thirty-eight pounds of lead at his back. Lifeline, piping, corselet, helmet, brass boots and leaden weight complete, the men at the pump began to turn; the tender screwed the face-glass into the helmet and tapped upon it as a signal; the pumps lifted the pressure of the weights from the diver's chest. The air thudded irritatingly into the copper prison that was the helmet; the sense of confinement and the close smell of the natural breathing element of man unnaturally compressed, returned to Phil Regard. He thought of the wife in Sydney – the last thought of the divinity before bracing himself to work that had the chance of death in it

riff: ein riesiges schwarzes Etwas, das von trägen Haifischen umkreist wurde: die *Pandora*, fast gleichlastig daliegend, in vierzehn Faden Tiefe.

Ein wenig widerwillig traf Phil Regard die nötigen Vorbereitungen, um Taucherhelm und Taucheranzug anzulegen: er rasierte den Bart ab, der schon wieder gewachsen war, seit er in der Flores-See getaucht hatte. Daß er den Schnurrbart hatte wachsen lassen, war eine harmlose Eitelkeit, um seiner Frau zu gefallen, die sich über sein von Berufs wegen bartloses Gesicht beklagt hatte, wie auch der neue Anzug ihretwegen gekauft worden war und erst am Tage des glücklichen Wiedersehens getragen werden sollte, damit er ihr ganz neu vor die Augen käme. Dann entkleidete er sich im warmen Schatten des weißen Sonnensegels und zog viel wollenes Unterzeug an und zuletzt den Segeltuchanzug mit den wasserdichten Manschetten aus rotem Gummi an Handgelenken und Knöcheln.

Der Maschinist zog ihm die mit Messing beschwerten Taucherschuhe an, die achtundzwanzig Pfund schwer waren, und als er auf die Leiter geklettert und seine Füße auf die Sprossen gesetzt hatte, schraubten sie ihm den achtundzwanzig Pfund schweren Taucherhelm an den Halsring und hängten ihm achtunddreißig Pfund Blei auf die Brust und achtunddreißig Pfund Blei auf den Rücken. Als alles vorhanden war, Luftschlauch, Signalleine, Brustpanzer, Helm, Messingstiefel und Bleigewichte, begannen die Männer an der Pumpe zu arbeiten, der Maschinist schraubte das Sichtfenster in den Helm und klopfte dagegen, um ein Zeichen zu geben. Die Pumpen begannen, dem Taucher den Druck der Gewichte von der Brust zu nehmen. Die Luft im kupfernen Gefängnis, das der Helm darstellte, pochte unangenehm; das Gefühl, eingezwängt zu sein, überfiel ihn wieder, und hinzu kam noch der stickige Geruch der unnatürlich zusammengepreßten Luft, des sonst für den Menschen so natürlichen Elementes. Er dachte an seine Frau in Sydney, dann ein letzter Gedanke an die Vorsehung, ehe er sich für die Arbeit wapp-

always, though use had brought danger into contempt; then he opened the valve and dropped easily and gently into the caresses of the water.

The black corpse of the *Pandora* seemed to rise to him. He closed the valve and sank as through a cataract of feathers. Avoiding the deck, he dropped to the bottom for a survey of the hull. Moving lightly as a featherweight, Regard studied the situation.

All about him stretched tangles of seaweed and coral with white walks between the spongy copses and the brakes. A yellow water-snake followed his every movement with curious imitation, and white fish circled around his helmet so that a green hand must have become dizzy. From a rift in the rock wavered the tentacles of a devil-fish, feeling its way to crime with every cup and sucker. . . .

The weight of ocean pressed the diver softly in his armour of the air; his body felt as if stroked by the silky hands of the caressing sea. And then from the great tunnel in the hull of the *Pandora* came floating the horrors of the deep.

Used as he was to these cruel cowards, in the light of the story of the bride who had died in the wreck, they held for him a new horror, and for a moment he was afraid. Their gorged habit, their slow, plethoric movements, their dull eyes, forgetting for a moment to be greedy, told the tale. Regard felt almost physically sick. All those eyes looked at him threateningly, contemptuously; the little fish that swam up to his face-glass and gazed at him did not seem to be frightened as quickly as usual by the move-
84 ment of his hands.

85 The sharks came nearer, and Regard, lifting

nete, die stets Todesgefahr in sich barg, obwohl sich mit der Gewohnheit auch die Verachtung der Gefahr eingestellt hatte. Dann öffnete er das Ventil und fiel sanft und mühelos in die Liebkosung des Meeres.

Der schwarze Leichnam der *Pandora* schien vor ihm emporzusteigen. Er schloß das Ventil und sank wie durch einen Wasserfall aus lauter Federn. Er wich vor dem Deck aus und ließ sich auf den Grund fallen, um den Schiffsrumpf zu untersuchen. Er bewegte sich leicht wie ein Federgewicht und untersuchte die Lage.

Rings um ihn her erstreckte sich ein Gewirr von Seetang und Korallen mit weißen Gängen zwischen dem schwammigem und struppigem Dickicht. Eine gelbe Wasserschlange folgte ihm neugierig und äffte alle seine Bewegungen nach. Weiße Fische kreisten so um seinen Helm, daß einem Neuling dabei hätte schwindlig werden können. Aus einer Spalte im Fels winkten die Tentakeln eines Riesentintenfisches und waren mit jedem Arm und Saugnapf auf Mord erpicht.

Das Gewicht des Ozeans bedrängte den Taucher in seinem Luftgehäuse ein wenig; es war ihm, als ob die See mit seidigen Händen seinen Körper streichle. Und dann schwebten aus dem großen Loch im Rumpf der *Pandora* die Schrecken der Tiefe heran.

Obwohl er an die grausamen Feiglinge gewöhnt war, hielten sie für ihn angesichts der Geschichte der jungen Frau, die im Schiffbruch umgekommen war, neues Entsetzen bereit, und einen Augenblick fürchtete er sich. Ihr gefräßiges Aussehen, die langsamen, satten Bewegungen und die stumpfen Augen, die für kurze Zeit aufhörten gierig zu sein, erzählten ihm alles. Es wurde ihm beinahe zum Erbrechen übel. All diese Augen blickten ihn drohend und verächtlich an; die kleinen Fische, die zu seinem Sichtfenster schwammen und hineinschauten, schienen nicht so rasch wie sonst vor seinen sich bewegenden Händen zu erschrecken.

Die Haie kamen näher, und Regard hob die Gummi-

the rubber wristband, shot air at them in a succession of silver bullets, and the cowards became energetic and fled. A carpet-bag shark, the incarnation of filthy malevolence, hovered above him until Regard turned the escape-valve on his helmet and shot a madness of fear into the horrible thing.

He finished his survey of the hull with difficulty. For an hour Regard rested and fed; then he went to the ladder, and was loaded and imprisoned again, and sank to the deck of the *Pandora*.

His retinue of enemies left him at the entrance to the saloon; but the small fish, their brilliance seeming to light the half-gloom, swam into the depths and in and out at the portholes – "like schoolboys playing a game", thought Phil Regard. Even there some little things had begun already to benefit by the fall of greatness; little pearl shells as big as a thumb-nail had here spun their byssus to tie them to the saloon stairs, hiding their weakness in this unexpected asylum.

"All this death to make a safe hiding-place for a shell", thought Regard bitterly, as he walked on tiptoe through this silent world where all values of vision were distorted.

He talked to himself, and the words reverberated to him from the helmet: "I'll bring dynamite and a wire down und blow the specie-room open, rig a winch, and haul out the gold-boxes. That'll be to-morrow. And while I'm here I'll do the horrible job – Moresby's pearls."

He went back to the saloon stairs. Above it
86 a great grey shape hung watchfully, patiently,
87 as if it had all eternity to wait in. Regard,

manschette und beschoß sie mit Luft, einer Reihe von Silberkugeln, vor denen die Feiglinge lebhafter wurden und entflohen.

Ein Hammerhai, die Verkörperung widerlichster Bosheit, lungerte über ihm, bis Regard das Ventil an seinem Helm öffnete und dem Ungetüm einen irrsinnigen Schreck einjagte.

Mühsam beendete er die Prüfung des Schiffskörpers. Eine Stunde lang ruhte er sich oben aus und nahm etwas zu sich, dann betrat er wieder die Leiter, wurde von neuem mit Ballast beladen und eingekerkert und sank aufs Deck der *Pandora*.

Am Eingang zum Salon verließ ihn das feindselige Gefolge; nur die kleineren Fische, deren Glanz das Halbdunkel zu erhellen schien, schwammen ins Innere und zu den Bullaugen ein und aus – wie Schuljungen, die Fangen spielen, dachte Phil Regard. Selbst im Inneren des Schiffs hatten kleine Lebewesen schon begonnen, von der gesunkenen Größe zu profitieren: kleine Perlmuscheln, nicht größer als ein Daumennagel, hatten ihre Muschelseide bereits gesponnen, mit der sie sich an die Salontreppe hefteten, und so ein unerwartetes Asyl für ihre Zartheit gefunden.

«Und dieser ganze Tod, um einer Muschel ein sicheres Versteck zu bieten», dachte Regard bitter, während er auf Zehenspitzen durch eine stumme Welt wanderte, wo alle Wertmaßstäbe verzerrt waren.

Er sprach zu sich selbst, und die Worte wurden vom Helm wie Echos zurückgeworfen: «Ich will Dynamit und Draht holen, den Tresor sprengen, einen Ladekran aufrichten und die Goldkisten heben lassen. Das hat Zeit bis morgen. Aber da ich gerade hier bin, kann ich gleich die grauenhafte Arbeit erledigen und die Perlen für Moresby holen.»

Er ging wieder zur Salontreppe. Oben darüber hing eine große, graue Gestalt – aufmerksam und geduldig, als könnte sie bis in alle Ewigkeit warten. Regard, ohne daß

with never a quickening of the pulse, fired the silver bullets from his wristband, and the grey shape backed and fled. Regard laughed and went on to find Moresby's pearls.

He opened a cabin door; two fish fled through the porthole and the body of a woman came at him in the swirl of the water. The dead face struck his helmet. Regard cried out in horror, and backed away. But in a moment he caught his courage and closed the porthole; then he shut the cabin door again and went to the next. He could not distinguish the letter denoting the corridor, nor the number either.

He opened an inner cabin and a drowned man came out and struck him. He opened another, and there were in it a dead man and a dead woman trying with her floating skirts to hide a little child from the sea. Horror gripped the diver as with fingers of cold steel.

Yet his duty was to be done, and he did it. He found B corridor, and the first cabin had in it a dead girl with her hands clasped as if she still prayed. He closed the cabin reverently and came to another, in which an old man and an old woman had died in their bedplaces; and then to an outer cabin opposite the one he had first entered. The light was better there; he saw that this was B 41 at last.

The lock of B 41 did not yield to the lifting of the handle, so Regard inserted the point of his small axe between the door and the beading and levered it open. Two bodies, those of a man and a woman – the man's as if he had died standing, the woman's in the lower berth floating up against the wires of the upper berth – moved queerly in the disturbed liquid, as if they were alive.

auch nur sein Puls sich beschleunigte, schoß die Silberblitzgeschosse aus seiner Manschette ab, und die graue Gestalt fuhr zurück und floh. Regard lachte und ging weiter, um Moresbys Perlen zu suchen.

Regard öffnete eine Kabinentür; zwei Fische flohen durchs Bullauge, und im strudelnden Wasser kam ihm die Leiche einer Frau entgegen. Das tote Gesicht schlug gegen seinen Helm. Regard schrie erschrocken auf und wich zurück. Doch im Nu hatte er wieder Mut gefaßt und schloß das Bullaugenfenster; dann zog er die Tür der Kabine hinter sich ins Schloß und ging weiter, zur nächsten. Er konnte weder den Buchstaben erkennen, der den Gang bezeichnete, noch die Nummern.

Er öffnete eine Innenkabine, und ein ertrunkener Mann kam heraus und stieß ihn. Er öffnete eine andere Tür, und dahinter waren ein toter Mann und eine tote Frau, die versucht hatte, mit ihren Kleidern ein kleines Kind vor der See zu schützen. Entsetzen griff wie mit stählernen, eiskalten Fingern nach dem Taucher.

Doch seine Pflicht mußte er tun, und er machte weiter. Er fand den Gang B. In dessen erster Kabine lag ein totes Mädchen; ihre Hände waren gefaltet, als ob sie noch immer betete. Ehrfürchtig schloß er die Tür und ging zur nächsten Kabine, in der eine alte Frau und ein alter Mann auf ihren Betten gestorben waren, und danach kam eine andere Außenkabine, gegenüber der ersten. Das Licht war dort besser. Er sah, daß er endlich B 41 vor sich hatte.

Das Schloß von B 41 gab nicht nach, als er die Klinke niederdrückte, daher schob Regard die Schneide seines Handbeils zwischen die Tür und den Türrahmen und hebelte sie auf. Zwei Leichen, die eines Mannes und die einer Frau, bewegten sich unheimlich, und als ob sie lebendig wären, in der aufgestörten Flut: es sah aus, als wäre der Mann im Stehen gestorben, die Frau dagegen schwebte von ihrem Unterbett den Spiralfedern des Oberbettes entgegen.

"Porthole closed," muttered Regard to himself, trying not to look at the dead for a moment. "He had the fan going – the lever's on the top speed."

He looked at the body of the man, and turned him around in the water.

"That'll be the man Moresby gave the pearls to. Oyley was the name, and he looks it. There's the trunk under the berth. And this poor soul has the key round her neck. I can't do it. But I promised. I'll do it to-morrow. No; better now – get it done with. Forgive – whoever you are, forgive me. Young, too, and pretty." With a shaking hand, and covering his face, he touched the woman's neck, and there he felt the necklet and the key.

"It's horrible. I'll have to use both hands for the fastening."

As if he were physically afraid of it, he looked back at the sinister dead man floating near the porthole; then, swiftly and without looking, he unfastened the necklet and held it up – a necklet and a key. The movement floated the body from its position against the springs of the upper berth; it turned upright, floating by his head – through the little circle of the face-glass its dead eyes looked sorrowfully into his own.

And then – madness! Unbelief! Doubt! Unbelief again! And again madness, clamoured through his brain. The air seemed to be withdrawn; the helmet became a mountain of copper; the weights upon his back and breast were each a ton of lead. He looked at the necklet – yes, it was so! He had given it. He released
90 it, and it sank to the ooze upon the sodden car-
91 pet. He looked at the bracelet of opal before

«Bullauge verschlossen», murmelte Regard und versuchte, die Toten einen Augenblick nicht mehr anzuschauen. «Er hatte den Ventilator angestellt: der Hebel zeigt noch auf größte Geschwindigkeit.»

Er blickte auf die Leiche des Mannes. Dann drehte er ihn im Wasser um.

«Das wird der Mann sein, dem Moresby die Perlen übergab. Oyley hieß er, und so sieht er auch aus. Das ist wohl der Koffer, dort unter der Koje. Und die arme Seele hier trägt den Schlüssel am Hals. Oh, ich kann's nicht! Aber ich hab's versprochen. Ich mach's morgen. Nein – lieber jetzt, dann hab ich's hinter mir. Verzeih mir – wer du auch sein magst. Auch eine junge Frau, und hübsch.» Mit zitternder Hand, und sein Sichtfenster mit der andern Hand bedeckend, berührte er den Hals der Frau und ertastete Kette und Schlüssel.

«Es ist grauenhaft. Ich muß beide Hände gebrauchen, wenn ich die Kette öffnen will.»

Als ob er sich vor ihm fürchtete, blickte er zu dem unheimlichen Toten, der vor dem Bullauge schwebte; dann, rasch und ohne genau hinzuschauen, öffnete er die Kette und hielt sie in der Hand, die Kette mitsamt dem Schlüssel. Durch die Bewegung geriet die Leiche aus ihrer schwebenden Lage unterhalb der Sprungfedern des Oberbettes: sie stellte sich aufrecht hin und schwebte am Kopf des Tauchers vorbei, so daß die toten Augen kummervoll durch das kleine Sichtfenster in seine eigenen Augen blickten.

Und da – Wahnsinn! Unglauben! Zweifel! Wiederum Unglauben! Und abermals dröhnte der Wahnsinn durch sein Gehirn. Die Luft schien fortgesaugt, der Helm wurde eine Bergeslast Kupfer, die Bleigewichte auf Rücken und Brust wogen jedes eine Tonne.

Er blickte wieder auf die Kette. Ja, es stimmte! Er hatte sie ihr geschenkt. Er ließ sie los, und sie sank in den Schlick auf den aufgeweichten Teppich. Er blickte auf das Armband mit den Opalen, das

the mirror, and recognised it too; and then at the dead woman gazing at him mournfully with eyes that seemed to plead: "Forgive; I have been punished and repented so; forgive."

Still unbelieving, but stunned, he pushed the dead man through the door. Then he turned back and re-entered the cabin. There could be no doubt – no doubt!

He left her there and fastened the cabin door behind him. And then his heart broke.

He could not live! With his last conscious instinct he hacked with uncertain hand at the airpipe and missed it; then the weight of all the ocean settled on his heart and he wavered to the floor.

He had a conscientious tender. At that sudden jag upon the lifeline the tender hauled carefully, and by that luck which shames the best judgement, drew Philip Regard safely through the alleyway to the deck of the *Pandora*, and up to sunlight.

But they might as well have left him there, for the strong man who had dived never returned to the surface.

"Beats me!" said Druce, looking pityingly at the withered wreck that sat every day through all the daylight hours of every day, upon the veranda of Thursday Island Hospital. "Can't understand it. A fine, big, strong world-beater of a man paralysed in fourteen fathoms. It beats me!"

vor dem Spiegel lag, und erkannte es ebenfalls, und dann auf die tote Frau, die ihn trauernd mit Augen ansah, die zu flehen schienen: «Verzeih mir; ich bin bestraft worden und habe es so bereut! Verzeih mir!»

Noch immer ungläubig, aber betäubt stieß er den toten Mann zur Tür hinaus. Dann drehte er sich um und trat wieder in die Kabine. Es bestand kein Zweifel mehr – kein Zweifel!

Er ließ sie dort und schloß die Kabinentür hinter sich zu. Und dann brach sein Herz.

Er mochte nicht länger leben. Aus letztem, instinktivem Wissen schlug er mit unsicherer Hand gegen den Luftschlauch – und verfehlte ihn; dann drückte das ganze Gewicht des Ozeans auf sein Herz, und er sank sachte zu Boden.

Er hatte einen sehr gewissenhaften Maschinisten. Beim Ruck an der Verbindungsleine begann der Maschinist, Philip Regard vorsichtig heraufzuholen, und mit einem Glück, das aller Wahrscheinlichkeit widersprach, zog er ihn sicher durch den Gang und ans Deck der *Pandora* – und hinauf an die Sonne.

Aber man hätte ihn ebensogut unten lassen können, denn was da an die Oberfläche kam, war nicht mehr der starke Mann, der hinabgetaucht war.

«Versteh ich nicht!» erklärte Druce und blickte mitleidig auf das zusammengeschrumpfte Wrack, das tagein, tagaus und von morgens bis abends auf der Veranda des Hospitals der Thursday-Insel saß. «Ich kann es einfach nicht verstehen! Ein großer, starker, prächtiger Brocken von Kerl – und in bloß vierzehn Faden Tiefe schon gelähmt! Ist mir ein Rätsel!»

Steele Rudd

The Night We Watched for Wallabies

It had been a bleak July day, and as night came on a bitter westerly howled through the trees. Cold! Wasn't it cold! The pigs in the sty, hungry and half-fed (we wanted for ourselves the few pumpkins that had survived the drought), fought savagely with each other for shelter, and squealed all the time like – well, like pigs. The cows and calves left the place to seek shelter away in the mountains; while the draught horses, their hair standing up like barbed wire, leaned sadly over the fence and gazed at the green lucerne. Joe went about shivering in an old coat of Dad's with only one sleeve to it – a calf had fancied the other one day that Dad hung it on a post as a mark to go by while ploughing.

"My! it'll be a stinger to-night," Dad remarked to Mrs. Brown – who sat, cold-looking, on the sofa – as he staggered inside with an immense log for the fire. A log! Nearer a whole tree! But wood was nothing in Dad's eyes.

Mrs. Brown had been at our place five or six days. Old Brown called occasionally to see her, so we knew they couldn't have quarrelled. Sometimes she did a little housework, but more often she didn't. We talked it over together, but couldn't make it out. Joe asked Mother, but she had no idea – so she said. We were full up, as Dave put it, of Mrs. Brown, and wished her out of the place. She had taken to ordering us about, as though she had something to do with us.

After supper we sat round the fire – as near to it as we could without burning ourselves –

Steele Rudd
Die Nacht, in der wir die Känguruhs verscheuchten

Es war ein trüber Julitag gewesen, und als der Abend kam, heulte ein scharfer Westwind durch die Bäume. Huh, wie kalt! Bitterkalt war's! Die Schweine im Stall, die hungrig und nicht richtig gefüttert waren (denn wir wollten die paar Kürbisse, die uns nach der Dürre geblieben waren, lieber selbst essen), stritten sich wild um den geschütztesten Platz und quietschten wie – na eben, wie Schweine. Die Kühe und Kälber verließen das Gehöft und zogen in die Hügel, um dort Schutz zu suchen, während die Ackerpferde, deren Haar wie Stacheldraht in die Höhe stand, trübselig über den Zaun lehnten und die grüne Luzerne betrachteten. Joe lief zitternd in einem alten Mantel von Dad rum, der nur noch einen Ärmel hatte – an dem andern hatte mal ein Kalb Geschmack gefunden, als Dad den Mantel während des Pflügens als Richtzeichen auf einen Pfosten gehängt hatte.

«Meine Güte, heute nacht wird's eisig!» bemerkte Dad zu Mrs. Brown – sie saß auf dem Sofa und blickte kühl um sich –, als er mit einem riesigen Holzkloben fürs Kaminfeuer ins Zimmer stolperte. Einem Kloben? Eher einem ganzen Stamm! Aber mit Holz war Dad großzügig.

Mrs. Brown war schon seit fünf oder sechs Tagen auf unserm Gehöft. Der alte Brown kam hin und wieder vorbei und besuchte sie, daher wußten wir, daß sie sich nicht verzankt hatten. Manchmal half sie ein bißchen im Haushalt, aber meistens nicht. Wir sprachen zusammen darüber, konnten's aber nicht begreifen. Joe fragte Mutter deswegen, aber sie hatte auch keine Ahnung (sagte sie jedenfalls). Wir hatten die Nase voll (wie Dave es ausdrückte) von Mrs. Brown und wünschten, sie wäre wieder weg. Sie hatte angefangen, uns herumzukommandieren – als ob wir sie was angingen.

Nach dem Abendbrot setzten wir uns ans Feuer – so nah wir konnten, ohne uns zu verbrennen –, Mrs. Brown

Mrs. Brown and all, and listened to the wind whistling outside. Ah, it was pleasant beside the fire listening to the wind! When Dad had warmed himself back and front he turned to us and said:

"Now, boys, we must go directly and light some fires and keep those wallabies back."

That was a shock to us, and we looked at him to see if he were really in earnest. He was, and as serious as a judge.

"*To-night*!" Dave answered, surprisedly; "why to-night any more than last night or the night before? Thought you had decided to let them rip?"

"Yes, but we might as well keep them off a bit longer."

"But there's no wheat there for them to get now. So what's the good of watching them? There's no sense in *that*."

Dad was immovable.

"Anyway," whined Joe, "*I'm* not going – not a night like this – not when I ain't got boots."

That vexed Dad. "Hold your tongue, sir!" he said; "you'll do as you're told."

But Dave hadn't finished. "I've been following that harrow since sunrise this morning," he said, "and now you want me to go chasing wallabies about in the dark, a night like this, and for nothing else but to keep them from eating the ground. It's always the way here, the more one does the more he's wanted to do," and he commenced to cry. Mrs. Brown had something to say. *She* agreed with Dad and thought we ought to go, as the wheat might spring up
96 again.

97 "Pshah!" Dave blurted out between his sobs,

und alle andern auch, und lauschten auf den Wind, der draußen in den Bäumen pfiff. Ach, wie angenehm es war, auf den Wind zu horchen, wenn man am Feuer saß! Als Dad sich vorne und hinten aufgewärmt hatte, wandte er sich an uns und sagte:

«Und jetzt, Jungen, müssen wir sofort draußen Feuer anzünden und die Wallabies verscheuchen!»

Es traf uns wie ein Schlag, und wir sahen ihn an, um festzustellen, ob er es wirklich im Ernst meinte. Tatsächlich, er hatte in vollem Ernst gesprochen.

«Heute nacht!» rief Dave überrascht. «Warum denn gerade heut nacht und nicht letzte Nacht oder die vorletzte Nacht? Ich dachte, du hättest schon beschlossen, sie ruhig mausen zu lassen.»

«Ja, aber wir können sie ebensogut noch ein bißchen länger von den Feldern fernhalten.»

«Aber 's ist doch gar kein Weizen mehr da, hinter dem sie her sein könnten! Warum müssen wir sie also verscheuchen? Es ist doch vollkommen *sinnlos!*»

Dad war unerschütterlich.

«Ich geh jedenfalls nicht mit», nörgelte Joe. «Nicht in so einer Nacht wie heute – wo ich nicht mal Schuhe hab!»

Darüber ärgerte sich Dad. «Halt den Mund, mein Sohn», sagte er. «Du hast zu tun, was ich dir sage!»

Doch Dave war auch noch nicht fertig. «Seit Sonnenaufgang bin ich hinter der Egge hergelaufen», sagte er, «und jetzt im Dunkeln soll ich auch noch Känguruhs verscheuchen, in so einer Nacht, und nur damit sie nicht die Erde wegfressen.

Aber so geht's einem hier immer: je mehr man tut, um so mehr wird von einem verlangt!» Und er fing an zu heulen. Mrs. Brown mußte sich auch noch einmischen. Sie gab Dad recht und fand, wir müßten gehen, denn der Weizen könnte schon aufgegangen sein.

«Blödsinn!» stieß Dave zwischen seinen Schluchzern

while we thought of telling her to shut her mouth.

Slowly and reluctantly we left that roaring fireside to accompany Dad that bitter night. It *was* a night! – dark as pitch, silent, forlorn and forbidding, and colder than the busiest morgue. And just to keep wallabies from eating nothing! They *had* eaten all the wheat – every blade of it – and the grass as well. What they would start on next – ourselves or the cart-harness – wasn't quite clear.

We stumbled along in the dark one behind the other, with our hands stuffed into our trousers. Dad was in the lead, and poor Joe, bare-shinned and bootless, in the rear. Now and again he tramped on a Bathurst-burr, and, in sitting down to extract the prickle, would receive a cluster of them elsewhere. When he escaped the burr it was only to knock his shin against a log or leave a toe-nail or two clinging to a stone. Joe howled, but the wind howled louder, and blew and blew.

Dave, in pausing to wait on Joe, would mutter:

"To *hell* with everything! Whatever he wants bringing us out a night like this, I'm *damned* if I know!"

Dad couldn't see very well in the dark, and on this night couldn't see at all, so he walked up against one of the old draught horses that had fallen asleep gazing at the lucerne. And what a fright they both got! The old horse took it worse than Dad – who only tumbled down – for he plunged as though the Devil had grabbed him, and fell over the fence, twisting every leg he had in the wires. How the brute struggled! We stood and listened to him. After kicking

hervor, und wir hätten ihr am liebsten gesagt, sie solle den Mund halten.

Langsam und widerwillig verließen wir das prasselnde Feuer und folgten Dad nach draußen in die kalte Nacht. Und was für eine Nacht! Stockdunkel und einsam und öde und scheußlich und kälter als 'ne vollbesetzte Leichenhalle. Und bloß, um die kleinen Bergkänguruhs daran zu hindern – *nichts* zu fressen. Denn sie hatten schon alles gefressen – den ganzen Weizen, jeden Halm, und das Gras ebenfalls. Was sie jetzt noch in Angriff nehmen würden – uns selbst oder das lederne Zaumzeug –, das war noch nicht heraus.

Wir torkelten im Dunkeln weiter, einer hinter dem andern, die Hände in den Hosentaschen. Dad führte an, und der arme Joe, ohne Strumpf und Stiefel, bildete die Nachhut. Manchmal trat er auf eine Klette, und wenn er sich hinsetzte, um die Stacheln herauszuziehen, fing er woanders eine neue auf. Wenn er nicht in die Kletten geriet, stieß er sich das Schienbein an einem Stamm oder blieb mit einem oder zwei Zehennägeln an den Steinen hängen. Joe heulte, aber der Wind heulte noch lauter und stürmte und brauste.

Dave blieb eine Weile stehen, um auf Joe zu warten, und murrte:

«Zum Teufel mit allem! Warum er uns in so einer Nacht rausjagen muß, das versteh ein andrer, verdammt nochmal!»

Dad konnte im Dunkeln nicht sehr gut sehen, und in jener Nacht konnte er überhaupt nichts sehen, daher stolperte er über einen von den alten Ackergäulen, der beim Betrachten der Luzerne eingeschlafen war. Was für einen Schreck sie alle beide bekamen! Das alte Pferd nahm es schwerer als Dad – der bloß hinfiel –, denn es schlug aus, als ob der Teufel es gepackt hätte, und fiel über den Zaun und verhedderte sämtliche Beine, die es besaß, in den Drähten. Wie das Biest sich abzappelte! Wir blieben stehen und hörten es mit an. Nachdem es Bretter vom

panels of the fence down, and smashing every wire in it, he got loose and made off, taking most of it with him.

"That's one wallaby on the wheat, anyway," Dave muttered, and we giggled. We understood Dave; but Dad didn't open his mouth.

We lost no time lighting the fires. Then we walked through the "wheat" and wallabies! May Satan reprove me if I exaggerate their number by one solitary pair of ears – from the row and scatter they made there was a *million*.

Dad told Joe, at last, he could go to sleep if he liked, at the fire. Joe went to sleep – *how*, I don't know. Then Dad sat beside him, and for long intervals would stare silently into the darkness. Sometimes a string of vermin would hop past close to the fire, and another time a curlew would come near and screech its ghostly wail, but he never noticed them. Yet he seemed to be listening.

We mooched around from fire to fire, hour after hour, and when we wearied of heaving fire-sticks at the enemy we sat on our heels and cursed the wind, and the winter, and the night-birds alternately. It was a lonely, wretched occupation.

Now and again Dad would leave his fire to ask us if we could hear a noise. We couldn't, except that of wallabies and mopokes. Then he would go back and listen again. He was restless, and, somehow, his heart wasn't in the wallabies at all. Dave couldn't make him out.

The night wore on. By and by there was a sharp rattle of wires, then a rustling noise,
100 and Sal appeared in the glare of the fire. "*Dad*!"
101 she said. That was all. Without a word, Dad

Zaun gezerrt und alle Drähte zerrissen hatte, war es frei und rannte davon, nahm aber noch fast den ganzen Zaun mit.

«Also das ist das Känguruh im Weizen», murmelte Dave. «Wenigstens eins!» Wir kicherten, denn er hatte uns aus der Seele gesprochen. Aber Dad sagte überhaupt nichts.

Wir verloren keine Zeit mehr und zündeten rasch die Feuer an. Dann gingen wir durch den Weizen und den Känguruhs nach: der Teufel soll mich holen, wenn ich übertreibe: nach dem Getöse und Getrappel, das sie vollführten, war's eine Million!

Dad sagte endlich zu Joe, er dürfe sich am Feuer schlafen legen. Joe schlief ein – aber wie, das begreif ich nicht. Dann setzte sich Dad neben ihn und starrte lange ins Feuer.

Manchmal huschte irgendein Ungeziefer nah am Feuer vorbei, und ein andermal kam ein Brachvogel in unsre Nähe und krächzte seine gespenstige Klage, aber Dad achtete nicht darauf. Und doch schien er zu lauschen.

Wir drückten uns an allen Feuern herum, Stunde um Stunde, und wenn wir es satt hatten, den Feinden Feuerbrände nachzuwerfen, dann hockten wir auf den Fersen und verwünschten abwechselnd den Wind, den Winter und die Nachtvögel. Es war eine öde, elende Beschäftigung.

Dann und wann verließ Dad sein Feuer, um uns zu fragen, ob wir ein Geräusch hörten. Wir hörten nichts, nur die Känguruhs und die Eulen. Nach einer Weile kam Dad wieder an seinen Platz und lauschte wieder. Er war unruhig, und eigentlich waren seine Gedanken ganz woanders, nur nicht bei den Känguruhs. Dave konnte ihn nicht verstehen.

Es war tiefe, tiefe Nacht. Da, auf einmal, gab es ein scharfes Drahtgeräusch, dann raschelte etwas – und dann erschien Sal vor dem lodernden Feuer. «Dad!» rief sie.

bounced up and went back to the house along with her.

"Something's up!" Dave said, and, half-anxious, half-afraid, we gazed into the fire and thought and thought. Then we stared, nervously, into the night, and listened for Dad's return, but heard only the wind and the mopoke.

At dawn he appeared again, with a broad smile on his face, and told us that mother had got another baby – a fine little chap. *Then* we knew why Mrs. Brown had been staying at our place.

Das war alles. Dad sprang ohne ein Wort hoch und ging zusammen mit ihr zum Haus zurück.

«Es muß irgend etwas los sein!» sagten wir, und halb besorgt und halb furchtsam blickten wir ins Feuer und zerbrachen uns den Kopf. Dann starrten wir ängstlich in die Nacht hinaus und lauschten, ob wir Dads Schritt hören konnten, aber es war nur der Wind oder die Eule.

In der Morgendämmerung tauchte er endlich auf und lächelte strahlend und erzählte uns, daß Mutter ein neues Baby bekommen hätte, einen prächtigen kleinen Jungen. Da wußten wir, weshalb Mrs. Brown so lange bei uns geblieben war.

At eleven o'clock Thomson, who had broken his glasses during a last whirling argument *re* the chances of the Liberal candidate, was pushed gently out the side door and told to go home. Instead of taking the barman's advice, he sat on the horse-trough, and held an indignation meeting with himself until Sergeant Jones happened along.

"Good night, Mr. Thomson," said the sergeant kindly.

Thomson pushed his boxer hat to the back of his head. "Good evenin'," he returned sulkily.

"Are ye comin' down the street?" ventured the sergeant.

"Cert'nly not!" said Thomson. "I've lost me glasses, an' me eyesight's 'stremely bad. I can't see what I'm doin'!"

"Well, come along and walk with me. I'll see ye as far as the gate."

Thomson rose unsteadily. "I tol' you before I've broken me glasses. Do you mean to 'sinuate I'm *drunk*?"

"I do not!" said the sergeant. "I never saw a soberer man in my life! But come along now, an' I'll tell ye somethin' I heerd to-day about Prince Foote f'r th' Cup. I'm goin' your way!"

On those honourable terms, Thomson condescended to take up his lobster, and allow Jones to pilot him gently toward his lodgings.

According to Thomson's reckoning, they had trudged through 283 deserted streets, and turned 1834 strange and unexpected corners, when he found they were both standing still on a

Kodak
Der Hummer und die Löwin

Um elf Uhr wurde Thomson, der während einer letzten stürmischen Auseinandersetzung über die Aussichten des Kandidaten der Liberalen seine Brille zerbrochen hatte, sanft zur Seitentür hinausgeschoben – mit dem guten Ratschlag, nach Hause zu gehen. Anstatt den Rat des Barmannes zu befolgen, setzte er sich auf den Pferdetrog und hielt ganz für sich allein eine Kundgebung gegen allgemeine Übelstände ab, bis Sergeant Jones zufällig des Weges kam.

«Guten Abend, Mr. Thomson», sagte der Sergeant freundlich.

Thomson schob seine Melone in den Nacken. «'n Abend», dankte er verdrießlich.

«Gehn Sie den gleichen Weg mit mir?» fragte der Sergeant.

«Auf keinen Fall», erwiderte Thomson. «Hab meine Brille verloren, und meine Augen sind sehr schlecht. Kann nicht mal sehn, was ich tue.»

«Oh, dann kommen Sie doch mit! Ich bring Sie bis vor die Haustür!»

Thomson stellte sich unsicher auf die Beine. «Hab Ihnen eben gesagt, daß ich meine Brille zerbrochen hab. Woll'n Sie mir etwa unterschieben, ich wär betrunken?»

«Bewahre!» rief der Sergeant. «Ich hab noch nie im Leben jemand gesehen, der so nüchtern ist! Aber kommen Sie jetzt! Ich erzähl Ihnen unterwegs, was ich über die Rennaussichten gehört hab! Ich hab den gleichen Weg wie Sie!»

Bei so ehrenvollen Bedingungen geruhte Thomson, seinen Hummer vom Boden aufzuheben und sich von Jones sanft in die Richtung seiner Pension geleiten zu lassen.

Nach Thomsons Ansicht waren sie durch 283 verlassene Straßen und um 1834 seltsame und unbekannte Straßenecken getrabt, als er merkte, daß sie beide auf

vacant piece of land, in front of an enormous board with "For Sale" on it.

"Whasser matter?"

"I heerd a strange sound," answered the sergeant. "Be quiet a minit! Maybe we'll hear it agin!"

They waited breathlessly...

A deep muffled grunt arose close by.

"That's it!" said the sergeant excitedly.

"Somebody's drunk," sighed Thomson wearily. "Sailor prob'ly."

The sergeant snorted. "No sailor ever made a sound like that! Look, it's gettin' up! Is it a dog? ... *Run, man! run for your life!"* he yelled, and ran heavily up a dark lane.

Thomson, swaying on his feet, patted his leg and called encouragingly to the approaching thing, "Goo' dog!"

Two yellow eyes glowed in the darkness.

"Goo' dog!" cooed Thomson encouragingly, and patted his leg again.

A deep, hungry growl.

"Come on, ole feller. I won't hurt yer!"

The thing with the smouldering yellow eyes came a step nearer, and Thomson cried out in delight, "By George! that's finest mastiff I've ever seen! I'll get him to foller me back to boarding-house!" He staggered off sideways, murmuring endearments, and stopping every few yards to flick his fingers or pat his leg. And the escaped circus lioness followed him as if he had been another Daniel.

They went slowly up the long, flat street that
stretched away to a plain of burnished silver –
the sea. The moon had slipped from her cloud
106 dressing-room, and was hurrying down the sky
107 like a woman going in search of a policeman.

einem leeren Bauplatz stehengeblieben waren, vor dem ein riesiges Schild «Zu verkaufen» angebracht war.

«Was'n los?»

«Hab ein merkwürdiges Geräusch gehört», antwortete der Sergeant. «Mal Ruhe einen Augenblick. Vielleicht hören wir's noch mal!»

Sie warteten und hielten den Atem an.

Ein tiefes, dumpfes Grollen ganz in der Nähe.

«Das war's!» rief der Sergeant aufgeregt.

«'n Betrunkener», seufzte Thomson müde. «Vielleicht 'n Matrose.»

Der Sergeant schnob durch die Nase. «Noch nie hat 'n Matrose so geschnauft. Da, jetzt steht's auf! Ist es ein Hund? ... Laufen Sie, Mann, laufen Sie!» schrie er gellend und rannte schwerfällig in eine dunkle Gasse.

Thomson schwankte, schlug auf seinen Oberschenkel und rief dem sich nähernden Tier schmeichelnd zu: «Braves Hündchen!»

Zwei gelbe Augen glommen aus dem Dunkel.

«Braves Hündchen!» schmeichelte aufmunternd Thomson und schlug sich wieder auf den Oberschenkel.

Ein tiefes, hungriges Grollen.

«Komm, mein Alter! Ich tu dir nix!»

Das Tier mit den glimmenden gelben Augen kam einen Schritt näher, und Thomson schrie begeistert: «Bei Gott! Das ist die schönste Bulldogge, die ich je gesehn hab. Die muß ich locken, damit sie mir in die Pension folgt!» Er taumelte seitwärts schwankend weiter, murmelte Koseworte und blieb alle paar Schritte stehen, um mit den Fingern zu schnalzen oder sich aufs Bein zu klopfen. Und die entsprungene Zirkuslöwin folgte ihm wie einem zweiten Daniel.

Sie gingen gemächlich auf der langen, ebenen Straße dahin, die sich bis zu einer Fläche aus brüniertem Silber erstreckte: der See. Der Mond war aus seinem Wolken-Ankleidezimmer hervorgeschlüpft und eilte über den Himmel – wie eine Frau, die einen Polizisten sucht.

Thomson staggered on, hugging his lobster, till he reached a lamp-post. Then he sat down, and calling affectionately to the lioness, started to eat. "Here ye are, ol' boy," he cooed. A claw hit the lioness on the nose and dropped to the pavement. The beast growled at the indignity, but ate the fragment, and licked her chops with evident pleasure.

Thomson methodically dissected the food with his hands and chewed stolidly, occasionally throwing a bit over his shoulder with a mumbled word of encouragement. The lioness sat on her haunches and growled between courses, but accepted the scraps with a sort of eager humility. This went on till the lobster was no more. Thomson then wiped his mouth with the back of his hand, leant against the lamp-post, and closed his eyes. In a minute he was asleep. In another thirty seconds, he gave a long, whistling snore like the wail of a distant siren.

The wild beast, sitting erect like a thing of stone, growled nervously.

Thomson snored again.

The lioness growled angrily.

Thomson awoke with a start. "Who said that?" he demanded. "Who denies that Wade's done more f'r th' d——d country than th' blanky Labour party – eh?" He turned slightly and beheld the enormous beast. "Goo' dog!" he cooed. "Goo' dog!"

Faintly, from the distant sea of city lights, came the clear chimes of a clock, followed by twelve deep, solemn notes. Brother timepieces to right and left answered it like watchful guardians of the hours.

Thomson rose slowly with a look of deter

Thomson torkelte weiter, den Hummer fest im Arm, bis er an einen Laternenpfahl kam. Dort setzte er sich hin, begann zu essen und unterhielt sich dabei freundlich mit der Löwin. «Da hast du auch was, Kamerad», säuselte er. Eine Hummerzange traf die Löwin, schlug gegen ihre Nase und fiel aufs Pflaster. Die Bestie grollte über die unwürdige Behandlung, fraß jedoch den Brocken und leckte sich mit deutlichem Wohlgefallen die Schnauze.

Thomson zerlegte den Hummer geschickt mit den Fingern, kaute stumpfsinnig und warf hin und wieder einen Happen nach rückwärts, wobei er mit vollem Munde eine freundliche Aufforderung hervorstieß. Die Löwin saß auf dem Hinterteil und grollte zwischen den einzelnen Gängen, nahm aber die Brocken mit einer gewissen demütigen Beflissenheit an. Das ging so weiter, bis vom Hummer nichts mehr vorhanden war. Nun wischte sich Thomson mit dem Handrücken über den Mund, lehnte sich gegen den Laternenpfahl und schloß die Augen. Nach einer Minute schlief er schon. Nach weiteren dreißig Sekunden ließ er ein langes, pfeifendes Schnarchen hören, das dem Klagelaut einer fernen Sirene glich.

Die wilde Bestie saß so aufrecht wie ein Steindenkmal und begann unruhig zu grollen.

Thomson schnarchte.

Die Löwin grollte empört.

Thomson fuhr zusammen und erwachte. «Wer hat das gesagt?» fragte er. «Wer will abstreiten, daß Mr. Wade mehr für das verdammte Land getan hat als die bescheidene Labour Party, heh?» Er drehte sich ein wenig herum und erblickte das riesige Biest. «Braves Hündchen!» lockte er. «Braves Hündchen!»

Vom fernen Lichtermeer der Stadt drangen leise, aber deutlich die Glockenklänge her, denen zwölf tiefe, feierliche Töne folgten. Von den Uhren – Kameraden rechts und links kam die Antwort – wie von achtsamen Hütern der Zeit.

Thomson erhob sich langsam und mit entschlossener

mination and flicked his fingers. "Come on, ol' boy! Mus' be gettin' home!" He staggered along for about twenty yards, and the lioness, her head down and her tail straight out, tracked him step by step. Then he paused. The beast stopped dead, with her glowing, yellow eyes fixed on his face. Thomson didn't notice her; his mind was grappling with some tremendous problem. "Where did I leave it?" he moaned at last. "I'll go back an' look!" With tremendous care, he steered a wavering course back to the lamp-post, moored himself to it, and peered all round the circle of light. The thing he sought was nowhere to be seen. "Dammit! I wonder where I lef' that lobster? . . . I'm certain I had it – an' I can *smell* it now! . . . Somebody's done me for it!"

Far up the street, approaching boot-heels made a clear, crisp clatter in the still night. "I'll ask this chap if he's seen it!" murmured Thomson, and took a firmer grip of the post.

The lonely pedestrian came up rapidly, and proved to be a slight young man in evening dress.

Thomson raised his hat. "'Scuse me, did you notice a 'stremely large lobster as you came 'long?"

The stranger stopped dead, stared past Thomson into the gloom beyond, and, with a muffled cry of horror, turned in his tracks. He ran with amazing swiftness into the night.

"Hol' on!" yelled Thomson after him, but there was no answer – merely the sound of a man running.

The lobster-loser turned disconsolately and
110 found the lioness looking intently in the direc-
111 tion the stranger had taken. "Served him right

Miene. Er schnalzte mit den Fingern: «Komm, Bursche! Wir müssen nach Haus gehn!» Er torkelte etwa zwanzig Meter weiter, und mit gesenktem Kopf und ausgestrecktem Schweif folgte ihm die Löwin Schritt für Schritt. Dann blieb er stehen. Die Bestie stand ebenfalls wie angewurzelt und richtete die funkelnden gelben Augen auf sein Gesicht. Thomson bemerkte sie gar nicht. Sein Gehirn mühte sich mit einem ungeheuren Problem ab. «Wo hab ich ihn bloß gelassen?» stöhnte er schließlich. «Muß umkehren und nachsehn!» Mit größter Behutsamkeit steuerte er schwankend zum Laternenpfahl zurück, klammerte sich an ihn und blickte forschend in den erhellten Kreis hinunter. Das Ding, das er suchte, war nirgends zu sehen. «Verdammt! Wo hab ich denn bloß den Hummer gelassen? . . . Ich weiß doch genau, daß ich einen hatte – jetzt kann ich ihn riechen! Den hat mir einer weggenommen!»

Weiter straßaufwärts trappten Stiefelabsätze deutlich durch die Stille der Nacht, und kamen näher. «Ich werd mal den Mann fragen, ob er ihn gesehn hat», brummelte Thomson und umarmte den Laternenpfahl noch etwas fester.

Der einsame Fußgänger näherte sich schnell: es war ein schlanker junger Mann im Smoking.

Thomson lupfte den Hut. «'tschuldigen Sie, haben Sie unterwegs vielleicht einen besonders großen Hummer bemerkt?»

Der Fremde stand stockstill, starrte an Thomson vorbei in die Finsternis und machte mit unterdrücktem Entsetzensschrei kurzum kehrt. Er lief mit erstaunlicher Geschwindigkeit in die Nacht hinein.

«Halt!» schrie Thomson ihm nach, doch es kam keine Antwort – nur die hastigen Schritte eines fliehenden Mannes.

Der um seinen Hummer Geprellte dreht sich trübselig um und bemerkte die Löwin, die gespannt in die Richtung blickte, die der Fremde eingeschlagen hatte. «'s wär ihm

if I sooled th' dog on him!" he reflected bitterly. Then, with an air of resignation, "Come on, Carlo, ol' boy; if coffee-stalls open, I'll get a pie." Once more he set sail, and the immense beast of prey followed stealthily in his footsteps at a distance of three paces.

Down the road they went, round two corners and across an unoccupied grassy lot, then along a dark, shop-lined street. At the far end, near the kerb, glamed the headlights of a coffee-stall. As Thomson drew near, the proprietor was seen leaning on the counter absorbed in reading, by the light of his big lanterns, the account of the previous night's fight.

Out of the darkness a command came to him: "Hey! give's a pie an' 'nother f'r th' dog!"

The proprietor looked up cheerily. "Right-oh!" He put down his paper and turned to fill the order. As he opened his oven door a delicious whiff of hot meat perfumed the frosty air. The lioness in the shadow growled loudly.

"'Oo did *that!*" asked the hot-pie man suspiciously.

"Sorright," Thomson assured him; "th' dog won't hurt yer."

"Wot sorter dorg is it?" persisted the pie-man, vainly endeavouring to see what species of animal was beyond the light.

"Mastiff," explained the amateur lion-tamer wearily. "Prize mastiff–mos' 'fectionate beast. Gimme two pies!"

The pie artist extracted two of his finest works from the oven, and placed them on the counter just as the lioness growled hungrily again.

112 "Better give us another pie f'r th' dog," said
113 Thomson, putting a shilling down on the coun-

recht geschehn, wenn ich den Hund auf ihn gehetzt hätte!» dachte er verbittert. Dann rief er mit resignierter Miene: «Komm weiter, Carlo, Bursche! Wenn die Kaffeebude offen ist, kaufen wir 'ne Pastete.» Wieder segelte er los, und das gewaltige Raubtier folgte verstohlen in seinen Fußstapfen – auf nur drei Schritt Entfernung.

Sie gingen die Straße längs, dann um zwei Ecken und über einen unbebauten, grasbewachsenen Platz und zuletzt in eine dunkle, von Läden gesäumte Straße. Am andern Ende leuchtete nahe am Randstein das Schild einer Kaffeebude. Als Thomson näherkam, sah er den Besitzer, der sich über die Theke lehnte und beim Schein seiner hellen Lampen in den Bericht vom neuesten Boxkampf vertieft war.

Nun erscholl aus dem Dunkel der Befehl: «Heh! Bitte 'ne Pastete und für meinen Hund auch eine!»

Der Besitzer blickte vergnügt auf. «Jawohlja!» Er ließ die Zeitung sinken und drehte sich um, um den Befehl auszuführen. Als er die Ofentür öffnete, zog eine köstliche Duftwolke von gebratenem Fleisch durch die kühle Luft. Die im Schatten sitzende Löwin grollte laut.

«Wer war denn *das*?» fragte der Pastetenmann argwöhnisch.

«Lassen Sie nur», beruhigte ihn Thomson, «der Hund tut Ihnen nix.»

«Was für ne Rasse is'n das?» forschte der Pastetenmann und bemühte sich vergeblich, festzustellen, was für ein Tier da hinten im Dunkel steckte.

«'ne Bulldogge», erklärte der Amateur-Löwenbändiger müde. «Preisgekrönt. Äußerst anhängliches Vieh. Geben Sie mir zwei Stück!»

Der Pastetenkünstler holte zwei seiner schönsten Erzeugnisse aus dem Ofen und legte sie auf die Theke. In diesem Augenblick begann die Löwin gerade wieder hungrig zu grollen.

«Geben Sie mir lieber gleich zweie für den Hund», sagte Thomson; er legte einen Schilling auf den Tisch und

ter, and taking up one of the bandboxes of nourishment.

The coffee-stall man ignored the order, and, leaning far over the counter, looked into the shadow. His eyes bulged with apprehension. "*That* ain't no mastiff," he breathed at last. "It looks more like a – GORSTRUTH!" With one mad bound he was over the counter and away. Thomson howled after him indignantly, and waited for five minutes to see if he would come back. He didn't. At last, Thomson climbed carefully over the counter, threw two sizzling pies to the lioness, and recommenced on his own. Fortunately the lioness's share fell into the gutter, and was thereby cooled, otherwise tragedy would probably have happened then und there.

After the light refreshments had been consumed, Thomson climbed down and invited Carlo to follow him again. Some blind instinct guiding his feet, he at last came by devious ways to the terrace house where he wasn't a star boarder.

Hanging on to the frost-cold railings in the moonlight, he communed with himself thus: "If I take th' dog roun' back, I'll wake up all th' dogs in th' place and fall over dust-box. Let's see! . . . Yes, I better take ole Carlo in fron' door and go through house. That's it! That's what'll do. Come on, ol' chap!"

With extreme care and patience he at last found the keyhole, and flung wide the door. Then he lit a match and cooed encouragingly, but in vain, until the flame burnt his fingers. "*I'll* get him in!" he muttered, and, stumbling through to the kitchen, he found a large piece
 of raw steak. After opening the back door, he
 returned to the front and waved it at the lion-

schob sich eins von diesen Kunstgebilden des Ernährungswesens in den Mund.

Der Kaffeebudenbesitzer achtete nicht auf die Bestellung. Er lehnte sich weit über die Theke und spähte ins Dunkel. Die Augen fielen ihm vor Angst fast aus dem Kopf. «Das 's keine Bulldogge», flüsterte er schließlich. «Sieht eher aus wie 'n ... um Gottes willen!» Mit einem Satz sprang er über den Ladentisch und war verschwunden. Thomson heulte ihm ärgerlich nach und wartete fünf Minuten, um zu sehen, ob er zurückkommen würde. Er kam nicht. Schließlich kletterte Thomson mühselig über die Theke, holte zwei brutzelnd heiße Pasteten hervor und warf sie der Löwin hin, während er selbst auch weiterkaute. Glücklicherweise fiel die für die Löwin bestimmte Portion in den Rinnstein und kühlte dort ab – sonst hätte sich vielleicht gleich auf der Stelle ein Drama abgespielt.

Nachdem er die kleine Erfrischung zu sich genommen hatte, stieg Thomson hinunter und forderte Carlo auf, ihm zu folgen. Es war wohl ein blinder Instinkt, der seine Schritte lenkte, denn auf verschiedenen Umwegen langte er doch vor dem Haus an, in dem er kein beliebter Gast war.

Im Mondschein klammerte er sich an das frostkalte Geländer draußen und besprach sein weiteres Vorgehen mit sich selbst. «Wenn ich mit dem Hund übern Hof geh, weck ich alle Hunde auf und fall in die Müllkiste. Hm... Ja, ich will den alten Carlo lieber zur Vordertür reinlassen und mit ihm durchs Haus gehn. Das ist es. Das tun wir! Komm, Kamerad!»

Mit äußerster Sorgfalt und Geduld fand er endlich das Schlüsselloch und riß die Tür weit auf. Dann zündete er ein Streichholz an und gurrte ermutigend, aber vergeblich, bis ihm die Flamme die Finger verbrannte.

«Dich werd ich schon kriegen!» murrte er, torkelte in die Küche und holte sich dort ein großes Stück rohes Fleisch. Nachdem er auch die Hoftür geöffnet hatte, kehrte er zur Vor-

ess. "Come on, Carlo!" he commanded. The beast, growling slightly, started to follow him. He backed into the hall, intending to lure his prey right through; but she was too quick for him. At the foot of the stairs she darted forward, and snatched the steak from his outstretched hand.

"Give it here, d—n yer!" he hissed, and made a wild grab at the goods.

The brute snarled horribly, and thumped the floor angrily with her heavy tail. Thomson staggered back and his match went out.

A door on the first landing opened explosively, the wavering light of a candle illumined the upper part of the staircase, and a quavering soprano voice cried, "Is anyone there?"

"Sorright. It's only me!" replied Thomson irritably. "I've gotter dog!"

The candle, a wrapped-up head, and a long thin arm appeared over the banisters. "Do you mean to say you are bringing a dog through the *house*, Mr. Thomson?"

"It won't hurt th' d—n house!" retorted the bringer-home-of-lions, staring upward defiantly.

"Mr. Thomson," chattered the partially hidden landlady, "you are not in a fit state to argue. I will speak to you in the morning!" The hand that held the candle shook with rage, and, as a natural consequence, the light wavered considerably.

"I *am* fit t' argue, and I *will* argue 'slong as I please! An', what's more, I'll do what I d—n well please in th' rotten house, and bring as many dogs as I want inter it! Why, yer know yerself it's only *fit* f'r dogs! Come on, Carlo, ol' chap!"

dertür zurück und winkte der Löwin damit. «Komm jetzt, Carlo!» befahl er. Die Löwin grollte leise und schickte sich an, ihm zu folgen. Er zog sich auf den Flur zurück, mit der Absicht, seine Beute durchs ganze Haus zu locken – doch die Löwin war schneller als er. Am Fuß der Treppe schoß sie vor und riß ihm das Fleisch aus der vorgestreckten Hand.

«Gib's her, verdammt!» zischte er und griff wütend nach dem Fleisch.

Die Bestie fauchte grauenhaft und pochte zornig mit dem schweren Schweif auf den Fußboden. Thomson stolperte zurück, und sein Streichholz erlosch.

Im ersten Stock wurde eine Tür stürmisch aufgerissen, das flackernde Licht einer Kerze erhellte den oberen Teil der Treppe, und eine zitternde Sopranstimme rief: «Ist jemand da?»

«Keine Bange. Ich bin's bloß», erwiderte Thomson gereizt. «Hab 'n Hund hier.»

Die Kerze, ein verhüllter Kopf und ein langer magerer Arm erschienen über dem Geländer. «Soll das etwa heißen, daß Sie einen Hund in mein Haus lassen, Mr. Thomson?»

«Das wird dem blöden Haus ja doch nicht schaden», grobste der Löwenfänger zurück und starrte trotzig nach oben.

«Mr. Thomson», schnatterte die teilweise unsichtbare Pensionsinhaberin drauf los, «Sie sind nicht verhandlungsfähig. Ich werde morgen mit Ihnen sprechen.» Die Hand, die den Leuchter hielt, zitterte vor Wut, und infolgedessen wackelte auch die Flamme erheblich hin und her.

«Ich bin verhandlungsfähig, und ich will verhandeln, solange es mir paßt! Und überhaupt will ich in dem verdammten Haus hier tun, was mir paßt, und so viele Hunde herbringen, wie ich Lust hab. Sie wissen selber, daß es die reinste Hundehütte ist! Komm her, Carlo, mein Freund!»

He made a grab at the lioness's head, but missed. The brute snarled again, louder than the largest-sized dog.

"If you have any respect for yourself," wailed the landlady, "I say if you have any respect for yourself, you will take that bloodthirsty brute out of the house!"

"Gorrer bed!" shouted Thomson. "Gorrer bed, an' mind yer own bizness, you – you *ole meddler!"*

"How *dare* you!" shrieked the landlady, and fled horror-stricken to her room.

Then, alone and unseen in the hall, Thomson performed a really fine taming feat. Lighting his second last match to see what he was doing, he walked behind the lioness and gave her a hearty kick. *"Gerrout!"* he yelled, and the lioness, with an ugly shriek, ran lightly down the hall, and out into the yard. Thomson then shut both doors, back and front, and stumbled heavily upstairs to his room, where, without troubling to undress, he climbed solemnly into bed.

On the stroke of three he awoke and muttered, "Warrer! I wonder if warrer-bottle's been filled." He struggled sadly out of bed, and blinked at the washstand, dimly visible by the light of the waning moon. He could not make out a water-bottle, but something white and round like a china bowl gleamed invitingly by the wash-basin. "I dunno what's in it, but I'll drink it, whatever it is!" he sighed, and made dry-mouthed for the waiting refreshment. He seized the bowl, and conveyed it half-way to his
118 lips, then dashed it to the floor. It bounced
119 lightly under the bed. *"Blast th' collar!"* he

Er wollte den Kopf der Löwin tätscheln, griff aber daneben. Das Tier fauchte wieder – und lauter als der größte Hund.

«Wenn Sie noch einen Funken Selbstachtung haben», winselte die Pensionsmutter, «also wenn Sie noch einen Funken Selbstachtung haben, dann schaffen Sie das blutrünstige Biest aus dem Haus!»

«Gehn Sie ins Bett!» brüllte Thomson. «Gehn Sie ins Bett und scheren Sie sich um Ihren eigenen Kram, Sie alte Schnüffelnase!»

«Unverschämtheit!» keifte die Inhaberin und floh voll Entsetzen in ihr Zimmer.

Nun vollbrachte Thomson ganz allein und ungesehen im Flur eine wirklich großartige Dressurleistung. Er zündete sein vorletztes Streichholz an, um sehen zu können, was er tat; dann trat er hinter die Löwin und stieß ihr kräftig mit dem Fuß ins Gesäß. «Raus!» schrie er, und die Löwin brüllte schauerlich auf und lief blitzschnell durch den Flur und auf den Hof hinaus. Thomson schloß beide Türen, die Haustür wie die Hoftür, und polterte schwerfällig die Treppe hinauf in sein Zimmer, wo er, ohne sich ums Auskleiden zu kümmern, würdevoll in sein Bett stieg.

Schlag drei Uhr erwachte er und murrte: «Wasser! Ich möcht mal wissen, ob Wasser in der Karaffe ist!» Er kletterte trübsinnig aus dem Bett und blinzelte zum Waschtisch hinüber, den er im Licht des abnehmenden Mondes undeutlich erkennen konnte. Eine Wasserkaraffe konnte er nicht sehen, aber etwas Weißes und Rundes wie eine Porzellanschüssel glomm einladend neben dem Waschbecken.

«Ich weiß nicht, was drin ist, aber trinken tu ich's doch!» seufzte er; sein trockener Mund lechzte nach der Erfrischung. Er ergriff das Gefäß, führte es halbwegs an die Lippen und warf es dann zu Boden. Es rollte leichtfüßig unters Bett. «Verflucht und zugenäht!» schrie er

shouted, and started to fumble for matches. He persevered nobly until the water-jug meanly bumped against his elbow and smashed with a terrific sound on the floor.

"That settles it!" he said, and plumped down on the bed. "I'm not goin' t' degrade meself by gettin' drink for meself in soap-dish!" For five wrathful minutes he sat and savagely wondered how best to revenge himself. Finally he opened his room door and bawled: "Where's my shavin' water?"

The house remained submerged in sleep.

"Where's my *shavin' water?"* he howled again.

The dumb walls flung the echoes back at him; and outside in the yard the iron dust-box rolled to and fro in agony. Something hungry was ransacking it for nourishment.

"D'ye think I'm goin' t' wait all day f'r my *shavin' water?"* roared the mastiff-finder for the third time.

Thew landlady's door flung open, and she appeared on the threshold, done up like a sort of original mixture of Lady Macbeth and the Worst Woman in Sydney after a gas explosion. "How *dare* you!" she cried tragically. "How *dare* you make such a noise at this hour? What do you *mean* by asking for shaving water at this hour?"

Thomson, not at all abashed, lurched to the lobby railings, and leant over like a candidate addressing an election crowd from the balcony of an hotel. "What do I want *warrer* for? *I'll* tell yer why! I *want t' drink it*!! I've decided t' reform and join th' No-Licence crowd. I'm
120 goin' t' be a Wowser! That rotten ole paper y'
121 gave me last week with picture of two horses

und begann fummelnd nach Streichhölzern zu suchen. Er tat das mit edler Beharrlichkeit, bis die gemeine Wasserkanne gegen seinen Ellbogen stieß und mit schrecklichem Knall zu Boden fiel.

«Jetzt reicht's aber!» sagte er und plumpste aufs Bett. «Ich denk nicht dran, mich so weit zu erniedrigen, daß ich aus 'm Seifennapf trinke!» Fünf zornerfüllte Minuten lang saß er da und grübelte haßerfüllt darüber nach, wie er sich am besten rächen könne. Schließlich öffnete er die Zimmertür und brüllte hinaus: «Wo bleibt mein Rasierwasser?»

Das Haus blieb in Schlaf versunken.

«Wo bleibt mein Rasierwasser?» heulte er zum zweitenmal.

Die stummen Wände warfen ihm das Echo zurück; draußen auf dem Hof rutschte die eiserne Müllkiste gepeinigt hin und her. Ein hungriges Geschöpf durchwühlte sie nach Nahrung.

«Soll ich vielleicht 'n ganzen Tag auf mein Rasierwasser warten?» brüllte der zeitweilige Bulldoggenbesitzer zum drittenmal.

Die Tür der Pensionsinhaberin flog auf, und sie erschien auf der Schwelle, gekleidet wie eine neuartige Mischung aus Lady Macbeth und der schlimmsten Frau von Sydney nach einer Gasexplosion. «Was unterstehn Sie sich?» rief sie pathetisch. «Wie können Sie mitten in der Nacht solchen Lärm machen? Was fällt Ihnen ein, mitten in der Nacht Rasierwasser zu verlangen?»

Thomson, durchaus nicht eingeschüchtert, wankte ans Geländer und beugte sich drüber wie ein Wahlkandidat, der von einem Hotelbalkon aus zur Wählermenge spricht. «Wozu ich Wasser will? Kann ich Ihnen verraten: weil ich's trinken will! Hab mich entschlossen, mein Leben zu ändern, dem Bund gegen Liederlichkeit beizutreten, ein Tugendbold zu werden! Die blöde Zeitung, die Sie mir vorige Woche gegeben haben, mit dem Bild, wo die zwei Pferde aus 'm Trog saufen und sagen: ‹Wir trinken

at a trough sayin' 'We only drink warrer' has made me better man! I'm goin' t' vote No-Licence! I think pubs are curse to *ev'ry* man!? If there were no pubs, you'd have t' keep beer in th' house, and we wouldn't have t' go out f'r it. D'ye understan' that, missus? D'yer see?"

"You forget yourself, sir!" trumpeted the landlady.

"Forget *who?*"

"I say you forget yourself?"

"Oh no, I don't! But I wish *you* wouldn't forget t' put warrer in my room! Look here, it's all d—n fine t' gas 'bout totalism, but why don' you s'ply some warrer? Has warrer gone up?"

"This is too much!" wailed the wretched landlady. She turned and tapped sharply with her bony knuckles on the door of the next room, and a sleepy male voice said: "All right! Be there directly."

Thomson leaned far over the railings and sniffed suspiciously. His nose wrinkled in disgust, and he said something in an undertone about the place smelling like the Zoo.

"Who's keepin' bears?" he demanded excitedly at last. "I'm not goin' t' stay in place if you're goin' t' take in bears!"

"You are drunk!" chattered the landlady furiously. "How *dare* you say there are animals in the house?"

Thomson sniffed again. "Why, th' house stinks like a circus! It's bears, or tigers, or somethin'!"

The landlady raised a shaking hand, and pointed an accusing finger at him. "If there is anything in the house you brought it in your-
122 self!" she intoned.
123 A sudden gust of rage shook Thomson to the

nur Wasser!›, ja, das Bild hat mich zu einem besseren Menschen gemacht! Ich stimme fürs Blaukreuz! Die Kneipen sind der Fluch der Menschheit! Wenn's keine Kneipen gäbe, könnt man sich sein Bier im Haus halten und brauchte nicht in die Kneipe! Verstehn Sie das, Miss? Sehn Sie das ein?»

«Sie vergessen sich, Sir!» trompetete die Pensions-Inhaberin.

«*Wen* vergeß ich?»

«Ich sagte: Sie vergessen sich!»

«Ach wo, tu ich gar nicht! *Sie* sollen gefälligst nicht vergessen, Wasser in mein Zimmer zu stellen. Alles ist verdammt vornehm, überall Gas, aber warum liefern Sie kein Wasser? Ist Wasser vielleicht im Preis gestiegen?»

«Das laß ich mir nicht gefallen!» jammerte die unglückliche Inhaberin. Sie drehte sich um und klopfte mit ihren knochigen Fingern heftig an die Tür des nächsten Zimmers, und eine schläfrige Männerstimme antwortete: «Ja. Komme gleich!»

Thomson lehnte sich weit übers Geländer und schnupperte argwöhnisch. Angewidert krauste er die Nase und sagte irgendwas vor sich hin, wonach das ganze Haus wie ein Zoo röche.

«Wer hält sich hier Bären?» fragte er schließlich erregt. «Ich bleib nicht in 'nem Haus wohnen, wo man sich Bären hält!»

«Sie sind betrunken!» schnatterte die Inhaberin wütend. «Was unterstehn Sie sich, zu behaupten, ich hätte Tiere in meinem Haus?»

Thomson schnupperte wieder. «Puh! Das Haus stinkt wie ein Zirkus! Nach Bären oder nach Tigern oder nach sonst was!»

Die Inhaberin hob zitternd die Hand und deutete mit dem Zeigefinger auf ihn. «Wenn irgend etwas in diesem Haus ist, dann haben Sie's selber reingebracht!» beschuldigte sie ihn.

Ein plötzlicher Wutanfall schüttelte Thomson durch

foundations of his being. "Same ole gag!" he roared. "That's exactly what y' said when I found th' what-d'ye-call-it! 'Muster brought it in yourself!' I tell yer I didn't bring *anything* in! There's bears in th' house, an' I'll leave it t'morrer! D'ye think I'm going t' live in a m'agerie? S'pose you'll tell me nex' I don't know what a bear *smells* like!"

The door of the other room opened, and a tall, thin, spectacled man, in a purple dressing-gown, stepped out. "What is all the noise about?" he inquired bitterly, holding his candle on high like the Torch of Liberty.

"I say that there's *bears* in th' house!" repeated Thomson.

The tall man inhaled deeply. "There certainly *is* a strong odour of animals," he remarked acidly.

"What did I tell yer?" cried Thomson triumphantly. His voice rang through the house, and two more doors were heard to open slightly.

The tall, embittered man turned to the landlady. "I suppose, Mrs. Tribbens, Mr. Thomson has brought home a monkey or something of the kind. He seems to be able to do just as he pleases in this house. I dare say we shall become used to the smell in time; but I really must object to being called up in the middle of the night to talk about the matter. Surely it would have done in the morning!"

"You don't understand, Mr. Pyppe," retorted the landlady with fearful hauteur.

"No, I'm afraid I don't," said Pyppe irritably. "The whole thing seems ridiculous to me. Why on earth I should be called out of bed at this
124 hour of the night to talk about an unpleasant
125 smell with a man who is obviously ——"

und durch. «Immer der gleiche Quatsch!» brüllte er. «Das ha'm Sie mir auch schon erzählt, als ich die Dingsda gefunden hab! Müssen Sie selber reingeschleppt haben. Ich sag Ihnen, daß ich gar nichts ins Haus gebracht hab. In dem Haus hier sind Bären, und morgen zieh ich aus! Denken Sie, ich bleib in 'nem Zoo wohnen? Nächstens werden Sie mir wohl erzählen, ich wüßte nicht, wie Bären riechen!»

Die Tür des andern Zimmers ging auf, und ein großer, hagerer Mann mit Brille in dunkelrotem Morgenrock trat aus der Tür. «Was ist das hier für 'n Lärm?» fragte er ärgerlich und hielt seine Kerze so hoch wie die Freiheitsfackel.

«Ich wiederhole, es sind Bären im Haus», sagte Thomson.

Der große, hagere Mann atmete tief ein. «Es riecht ganz unbestreitbar sehr stark nach Tieren», sagte er mit Schärfe.

«Hab ich's nicht gleich gesagt?» rief Thomson triumphierend. Seine Stimme hallte durchs Haus, und man hörte, wie zwei weitere Türen sich ein wenig öffneten.

Der große, erboste Mann wandte sich an die Inhaberin. «Ich vermute, Mrs. Tribbens, daß Mr. Thomson einen Affen oder etwas Ähnliches ins Haus gebracht hat. Er scheint in diesem Hause ganz nach seinem Gutdünken zu schalten. Wahrscheinlich werden wir uns mit der Zeit an den Geruch gewöhnen – ich verwahre mich aber dagegen, mitten in der Nacht geweckt zu werden, um darüber zu sprechen. Das hätte doch wohl bis zum nächsten Morgen Zeit gehabt!»

«Sie haben es falsch verstanden, Mr. Pype», erwiderte die Inhaberin mit schneidendem Hochmut.

«Nein, leider nicht», widersprach Pype gereizt. «Das Ganze kommt mir lächerlich vor. Warum zum Teufel muß ich mitten in der Nacht aus dem Bett geholt werden, um über einen unangenehmen Geruch zu sprechen, den ein Mann, der offenbar . . .»

Crash! The tinkle of glass falling on stone told the landlady that the kitchen window had succumbed.

"*What's that?*" she gasped. Down the pitch-dark hall they heard sounds which suggested a burglar in stockinged feet dragging the body of a murdered boarder over the linoleum.

"I will see what it is!" Pyppe announced in a loud voice, and went cautiously downstairs, a step at a time.

Thomson and the landlady stared after him.

"*Who is there?*" cried the brave investigator, holding his candle far out over the railings.

There was no answer.

"*What is there?*" he snapped. His candle tilted, and a drop of hot wax detached itself, and fell into the well of gloom. A grating, bestial roar of rage rang through the place, and a lithe, yellow animal sprang into the lighted radius, and stood lashing its tail.

"*My God, it's a lioness!*" shrieked Pyppe, really shaken for the first time in his life. His candle clattered from his hand, and he rushed upstairs into his room and slammed and bolted the door. . . .

"I *tol'* yer so!" shouted Thomson exultantly outside the landlady's door, from behind which came hysterical sobs and the shrieking of castors. "I *tol'* yer there was bears in th' house!"

"The police!" wailed the distracted woman. "The telephone! Ring for the police!"

"I give you notice now," continued Thomson, above the sounds of hurried barricading. "I think it's disgustin'! *Why, your d——d lion might have eaten my dog!* I'm going t' leave
126 t'morrer, d'ye *hear?* I'm not goin' t' live with
127 lions! I'm *sick* of yer stinkin' house!"

Päng! Das Klirren von Glas, das auf Steinboden fiel, verriet der Inhaberin, daß ihr Küchenfenster eingeschlagen worden war.

«Was ist denn das?» keuchte sie. Unten im pechschwarzen Flur hörten sie Geräusche, wie wenn ein auf Strümpfen gehender Einbrecher die Leiche eines ermordeten Pensionärs über Linoleum schleifte.

«Ich will nachsehn, was es ist!» verkündete Pype mit lauter Stimme und ging vorsichtig ein paar Stufen hinunter, wobei er zaudernd je eine Stufe betrat.

Thomson und die Inhaberin blickten ihm nach.

«Wer ist da?» rief der tapfere Detektiv und hielt den Arm mit dem Leuchter weit übers Geländer.

Es kam keine Antwort.

«Wer ist da?» fragte er heftig. Der Leuchter neigte sich schräg nach unten, und flüssiges heißes Wachs fiel in den finsteren Schacht hinunter. Ein heiseres, bestialisches Wutgebrüll erschütterte das Haus, und ein geschmeidiges gelbes Tier sprang in den Lichtkreis und stand mit peitschendem Schweif da.

«Mein Gott, eine Löwin!» schrie Pype – zum erstenmal in seinem Leben aus der Fassung geraten. Die Kerze fiel scheppernd aus seiner Hand, und er stürzte in sein Zimmer hinauf und schlug die Tür zu und verriegelte sie.

«Hab's Ihnen ja gleich gesagt!» rief Thomson triumphierend vor der Zimmertür der Inhaberin, hinter der man hysterisches Schluchzen und schrilles Pfeifen wie von Bibern hörte. «Hab Ihnen ja gleich gesagt, hier sind Bären!»

«Polizei!» jammerte die rasende Frau. «Telefon! Rufen Sie die Polizei an!»

«Ich kündige Ihnen in dieser Minute!» rief Thomson, lauter als das Getöse von provisorisch errichteten Barrikaden. «Ich finde es widerwärtig. Ihr verdammter Löwe hätt meinen Hund fressen können! Ich zieh morgen aus, haben Sie gehört? Ich lebe nicht mit Löwen zusammen. Ihr stinkendes Haus macht mich krank!»

A deep, menacing growl floated up the staircase.

Thomson sprawled over the rails. *"Shurrup!"* he commanded, and the lioness, absurdly enough, was still. "Stinkin' brute!" he muttered, without the slightest sign of fear, and made for the telephone on the landing.

In a minute or so he had the police station, and was speaking: "That th' p'leece station? Yesh. Well, this is Thomson speakin' here. Eh? Yesh, Thomson, of Gladstone Manshuns *(I don't think!)*. Can you hear? . . . I say, there's a lion in th' hall here waitin' t' be fed. . . . Eh? . . . Yes, a *lion!* . . . No, I'm wrong, ol' chap – it's th' lion's wife. Are you there? . . . Well, it's waitin' t' be fed. I dunno who it b'longs to, but I'm goin' t' leave in mornin'. It's stinkin' th' place out. Eh? . . . *What's* that? . . . Yesh, Gladstone Manshuns – you know th' place near th' Town Hall! Eh? . . . No, nobody's killed; there's nothin' here t' eat but boarders – never is! Are you comin' along? . . . Right-oh!" The bell tinkled hurriedly in the darkness. Thomson fumbled his way into his room and shut the door.

It was a lovely, peaceful morning. There wasn't a sound until two policemen and a little man, in the ring-costume of a tamer, trotted round the corner.

Thomson waved frantically to them from his window. "Go roun' side an' get in th' scullery window!" he howled. "Look out f'r my dog in th' back yard – he's big mastiff, but he won't hurt yer. If he growls give him a bit o' lobster – he loves lobster!"

Ein tiefes, drohendes Grollen stieg durchs Treppenhaus herauf.

Thomson hängte sich übers Geländer. «Schnauze!» befahl er, und die Löwin war still, so grotesk es klingen mag. «Stinkendes Vieh!» schalt er ohne das geringste Anzeichen von Furcht und ging ans Telefon auf dem oberen Flur.

Nach etwa einer Minute hatte er die Polizeistation und sprach: «Ist dort die Polizeistation? Ja. Hier ist Thomson, was? Jawohl, Thomson, Gladstone Mansions (nicht mehr lange!) ... hören Sie mich? Also: unten im Flur ist ein Löwe und wartet darauf, daß er gefüttert wird... Wie? ... Ja, ein Löwe...

Nein, Verzeihung, guter Mann, es ist die Frau vom Löwen... Sind Sie noch da? Ja, sie sollte gefüttert werden... Ich weiß auch nicht, wem sie gehört, aber morgen früh zieh ich hier aus. Es stinkt zum Umfallen. Eh?... Was meinen Sie?... Ja, Gladstone Mansions... Sie wissen doch, in der Nähe vom Rathaus... Wie? Nein, tot ist keiner... Hier gibt's nix zu essen als Pensionäre ... nie und nimmer. Kommen Sie mal vorbei? Fein!» Das Glöckchen klingelte flüchtig durchs Dunkel. Thomson tastete sich in sein Zimmer und schloß die Tür.

Es war ein schöner, friedlicher Morgen. Kein Laut war zu hören, bis zwei Polizisten und ein kleiner Mann im Zirkuskostüm des Tierbändigers um die Straßenecke bogen.

Thomson winkte stürmisch von seinem Fenster aus. «Geht ums Haus rum und klettert durchs Speisekammerfenster!» brüllte er ihnen zu. «Vorsicht mit meinem Hund auf dem Hof hinten! 's ist eine große Bulldogge, aber sie tut euch nix! Wenn sie bellt, gebt ihr 'n bißchen Hummer – sie ist ganz verrückt auf Hummer!»

Vance Palmer

The Stump

"See that stump!" Old Svenson used to say to any stranger he could get hold of. "Some-t'ing like a stump, ain't it? It belong to the biggest tallow-wood you ever set eyes on, an' I lopped it off when I first come here. T'irty feet from the ground."

And little Oscar, hanging on to his grandfather's hand, would repeat with the same perky tilt of the chin:

"T'irty feet from the ground."

He didn't know what the height meant, but he was sure it reflected some vague glory on them both. Besides, he had become so used to echoing his grandfather that he did it when he was half-asleep or thinking about something else.

It was, indeed, a mammoth stump. It caught the eye of everyone who came up the steep slope to the cleared tableland, for it was about the only relic of the tall timber left. There were orange-trees, of course, arranged as neatly in their ordered rows as soldiers on a parade-ground, with the earth showing red and bare between. They provided a miracle of blossom that made the very bees drunk in the early months of the year, but usually their atmosphere was merely that of a tame prosperity. Small orchards abutting on one another, white-painted fences, growers who might be retired land-agents, flitting from the store to the post office in their saucy cars. And a few imported shrubs along the front, protected by palings from the night-wandering cow. The forest and the scrub had gone, picked over first by the

Vance Palmer
Der Baumstumpf

«Sehn Sie den Baumstumpf?» fragte der alte Svenson jeden Fremden, den er zu fassen bekam. «Das ist mal ein Baumstumpf, was? Er hat zum größten Eukalyptus gehört, den jemals einer gesehen hat, und ich hab ihn abgehackt, als ich mich hier ansiedelte. Zehn Meter überm Boden.»

Und der kleine Oscar, der an seines Großvaters Hand hing, pflegte das Kinn genauso keck in die Höhe zu recken und zu wiederholen:

«Zehn Meter überm Boden!»

Er wußte nicht, was eine solche Höhe zu bedeuten hatte, doch war er überzeugt, daß von ihr ein unbestimmter Ruhm auf sie beide ausstrahlte. Außerdem hatte er es sich so angewöhnt, seines Großvaters Echo zu sein, daß er es auch im Halbschlaf tat oder wenn er an etwas anderes dachte.

Es war wirklich ein Mammut von einem Baumstumpf. Er zog die Blicke von allen Leuten an, die über den steilen Hang zum gerodeten Tafelland hinaufstiegen, denn er war so ungefähr der einzige Überrest von dem hohen Forst. Natürlich waren Orangenbäume da: sie waren so schmuck in ordentlichen Reihen angetreten, wie die Soldaten auf dem Exerzierplatz, und zwischen ihren Stämmchen schaute die kahle rote Erde hervor. In den ersten Monaten des Jahres vollbrachten sie ein Blütenwunder, an dem sich die Bienen berauschten, aber im allgemeinen strömten sie eher eine Atmosphäre gelinden Wohlstandes aus. Kleine Obstgärten, einer an den andern stoßend, weißgestrichene Zäune, Obstzüchter, die vielleicht ehemalige Grundstückmakler waren und sich nun zur Ruhe gesetzt hatten und in ihren flotten Wagen vom Laden zur Post flitzten. Und davor ein paar fremdländische Büsche, die durch ein Gitter vor nachtwandelnden Kühen geschützt wurden. Der Forst und der Busch waren verschwunden, von den ersten

timber-getters for pine and cedar, and then hacked down wholesale by settlers hungry to make use of every inch of the rich, volcanic soil, so that now there was no evidence of the great giants that had once grown there.

Except Svenson's stump! It stood on a grassy space between the church and the school, and could be seen from the flat country below, raising itself up like some white pillar of stone.

"T'irty feet from the ground," old Svenson said, as though he had taken the measurements to an inch.

There had been no point in cutting it off so high up. None at all, for the stump was nearly as thick at the top as at the butt. In those days, though, old Svenson had taken a pride in going one better than the next man. He had been a sailor and was not so expert as some of them with the axe, so he evened matters up by putting his footboards in higher than the most foolhardy would have dared to venture. There was a triumph in stepping from his precarious perch on to the bare stump as the great tree heeled over and crashed, risking annihilation if it caught in another tree or kicked. It gave a fillip of excitement and adventure to the day's work.

Besides, it provided something to boast about, and that had always been a necessity to the little man. For forty years he had been boasting of one quality or possession after another, and his flickering eyes that peered out from behind their glasses still had a challenge in them. Didn't his smallholding of ten acres produce better oranges than any on the range?
132 Hadn't his white Leghorns a record for laying?
133 Wasn't his wife, when she was alive, known all

Holzsuchern zuerst auf Zedern und Fichten abgekämmt und dann als Ganzes von Ansiedlern abgeholzt, die begierig waren, jeden Zoll des reichen, vulkanischen Bodens auszunutzen, so daß jetzt nichts mehr an die hohen Baumriesen erinnerte, die einst hier wuchsen.

Ausgenommen Svensons Baumstumpf! Er stand auf einem Grasfleck zwischen Kirche und Schule und war sogar vom Flachland aus zu sehen, da er sich wie eine weiße Steinsäule in die Höhe reckte.

«Zehn Meter überm Boden», sagte der alte Svenson, als habe er es bis auf den Zoll genau ausgemessen.

Es war sinnlos gewesen, den Stamm so weit oben abzuschlagen. Vollkommen sinnlos; denn der Stamm war oben fast genauso dick wie unten über dem Boden. Doch damals hatte der alte Svenson seinen Stolz darein gesetzt, seine Nachbarn zu übertrumpfen. Er war Matrose gewesen und verstand nicht so gut mit der Axt umzugehen wie die anderen, und das wollte er nun dadurch ausgleichen, daß er seine Tritte in dem zu fällenden Baum viel höher anbrachte, als es die Tollkühnsten gewagt hätten. Es war ein Siegesgefühl in ihm, als er von seinem behelfsmäßigen Hochsitz aus hinübersprang auf den kahlen Stumpf, sowie der gewaltige Baum umkippte und niederkrachte: er hätte dabei umkommen können, wenn sich der Riese in einem andern Baum verfangen oder im Fallen ausgeschlagen hätte. Das verlieh seiner täglichen Arbeit einen Schuß Aufregung und Abenteuer.

Außerdem hatte er nun etwas, dessen er sich rühmen konnte, und das war dem engstirnigen Mann stets ein Bedürfnis gewesen. Vierzig Jahre lang hatte er mit einer Eigenschaft oder einem Besitztum nach dem anderen geprahlt, und seine unruhigen Augen, die hinter der Brille hervorspähten, blickten stets herausfordernd. Erbrachte sein kleines Stück Land von nur zehn Morgen nicht bessere Apfelsinen ein als jedes andere hier auf der Höhe? Waren seine weißen Leghorns nicht weitaus die besten im Eierlegen? War seine Frau nicht zu ihren Lebzeiten weit

over the district for her cooking? His trim, upright figure, with its stiff back and pointed, grey moustaches, was in itself an aggressive note of interrogation as he moved about the front by the store, holding little Oscar by the hand.

"Old Svenson – he'd shrivel up and die if he couldn't find something to skite about," people said.

But he had been forced to give up one source of pride after another, conducting a strategic retreat down the years. His firstborn, Emil, who had promised to be such a brilliant youngster, had contracted a disease of the hip that had cut short his schooling and had left him lame and a little heavy-witted. He earned his living as yardman and billiard-marker in an hotel down the line, and would lick the boots of anyone who would buy him a drink. The old man had long ceased to boast about Emil.

Then his wife, that marvel among housekeepers, had died in hospital after a lingering illness. Hardly a memory was left of the days when she whisked one triumph after another from the oven. The second boy, Chris, was working in the canefields and never came south; and as for Anna – well, no one quite knew what had happened to Anna. After creating some scandal by the way she carried on at dances with the young fellows who came up for the fruit-picking, she had gone to town as a waitress, and old Svenson was evasive when inquiries were made about her. At one time he implied that she had married an officer on an overseas liner, and at another that she was playing in the orchestra of a big cinema. But people ceased asking about her when the old man went surreptitiously to town one week-end

und breit wegen ihrer Kochkünste berühmt gewesen? Seine straffe, aufrechte Gestalt, der gerade Rücken und der spitz gezwirbelte graue Schnurrbart hatten an sich schon etwas von einer streitlustigen Frage, wenn er vor dem Laden entlanggging und den kleinen Oscar an der Hand hielt.

«Der alte Svenson – wenn der nicht was zum Prahlen finden könnte, dann würde er bestimmt einschrumpfen und sterben!» sagten die Leute.

Doch er war gezwungen worden, allen Anlaß zum Stolz aufzugeben und im Laufe der Jahre einen strategischen Rückzug durchzuführen. Emil, sein Erstgeborner, der ein so prachtvoller junger Bursche zu werden versprach, hatte sich ein Hüftleiden zugezogen, das seiner Ausbildung in der Schule ein Ende machte und ihn schließlich lähmte und ein bißchen schwer von Verstand machte. Er verdiente sich seinen Unterhalt als Hausbursche und Billard-Boy in einem Hotel weiter unten an der Strecke und leckte die Schuhsohlen jedem, der ihm einen Drink bezahlte. Der alte Mann hatte schon lange aufgehört, sich mit seinem Emil zu rühmen.

Dann war seine Frau, dieses Wunder von einer Hausfrau, im Krankenhaus an einer schleichenden Krankheit gestorben. Kaum eine Erinnerung an die Tage war übriggeblieben, als sie triumphierend ein Kunstwerk nach dem andern aus dem Backofen holte. Der zweite Junge, Chris, arbeitete in den Zuckerrohr-Plantagen und kam nie in den Süden. Und was Anna betraf – ach, da wußte keiner genau, was ihr zugestoßen war. Nachdem sie zuerst schon Ärgernis erregt hatte, weil sie beim Tanz mit den jungen Burschen flirtete, die zum Obstpflücken heraufkamen, war sie als Kellnerin in die Stadt gegangen, und wenn man den alten Svenson nach ihr fragte, gab er ausweichende Antworten. Eine Zeitlang deutete er an, sie hätte einen Offizier auf einem Überseedampfer geheiratet, später behauptete er, sie spiele im Orchester eines großen Kinos. Doch die Leute fragten nicht mehr nach ihr, seit der alte Mann eines Tages verstohlen in die Stadt gereist

and brought back Oscar, a little, puny fellow of eighteen months, who looked as if he had been reared at a baby-farm on separated milk. That satisfied them finally about Anna.

Yet in spite of these subtle and treacherous blows of Fate, Svenson still kept his aggressive old head up in public. There remained the stump, durable and securely-rooted, a testimony to all sorts of things – his daring, his skill, the fact that he had been one of the pioneers.

"Forty year ago," he would say, thrusting out his chin, "there was not'ing in the way of risks I wouldn't take them days."

He despised the men who had bought their orchards for cash and knew nothing of the long struggle with the timber. They were hardly more than immigrants, in spite of the way they took the lead in everything, running the Progress Association and electing themselves to the local council. While the stump remained, he would be able to look over the heads of people like these.

And, in addition to the stump, there was little Oscar. He fussed over the boy like an old hen over a single chicken and hardly ever let him out of his sight. Something inexplicable had happened to his own children, but he was going to make sure nothing of the sort happened to little Oscar.

"Hey, Oscar, come away from that grass," his voice echoed out as he chipped among his orange-trees. "Do you want for to get bitten by a snake?"

Or, when he was sitting on the veranda reading his newspaper:

136

137

"Now then, Oscar, don't climb any more on

war und Oscar mitgebracht hatte, ein winziges Bürschchen von anderthalb Jahren, das aussah, als ob es bisher in einem Säuglingsheim mit Magermilch aufgezogen worden sei. Das stillte ihre Neugier betreffend Anna.

Doch trotz dieser heimtückischen und hinterhältigen Schläge des Schicksals hielt Svenson in der Öffentlichkeit immer noch seinen angriffslustigen alten Kopf hoch. Der Baumstumpf war ihm geblieben – dauerhaft und fest verwurzelt, ein Zeuge für vieles: seinen Wagemut, seine Geschicklichkeit und die Tatsache, daß er einer von den Pionieren gewesen war.

«Vor vierzig Jahren», sagte er immer und streckte sein Kinn vor, «hat's für mich keine Gefahr gegeben, mit der ich es nicht aufgenommen hätte.»

Er verachtete die Männer, die ihre Obstgärten gegen Bezahlung erworben hatten und nichts von dem langen Kampf mit dem Urwald wußten.

Sie waren kaum besser als Einwanderer, obwohl sie in so vielen Fragen die Führung übernahmen, den Fortschrittsverein leiteten und sich in den Gemeinderat wählen ließen. Solange der Baumstumpf stehenblieb, konnte Svenson über die Köpfe solcher Menschen hinwegsehen.

Und außer dem Baumstumpf war ja auch noch der kleine Oscar da. Mit dem Kleinen stellte er sich an wie eine alte Henne mit ihrem einzigen Küken, und er ließ ihn fast nie aus den Augen. Seinen eigenen Kindern war etwas Unbegreifliches zugestoßen, doch er würde schon aufpassen, daß dem kleinen Oscar nichts dergleichen widerführe.

«Heh, Oscar, komm rasch aus dem Gras raus!» so erscholl seine Stimme, wenn er in den Apfelsinenbäumen saß, um sie zu stutzen. «Soll dich vielleicht 'ne Schlange beißen?»

Oder wenn er zeitunglesend auf der Veranda saß, dann tönte es:

«Also Oscar, jetzt kletterst du mir nicht mehr auf den

that fence. How many times do I tell you not to play the monkey like that!"

Oscar was a mild, flaxen-haired youngster, a little cowed by his early life in an institution, and didn't rebel against this martinet discipline. He even seemed to thrive and grow robust under it. His admiration for his grandfather took the form of aping him even in the smallest things, and when he was swaggering in front of the butcher-boy, telling him how many eggs he had collected, or what a big water-melon was growing at the bottom of the garden, he might have been the old man himself. The same perky walk, the same tilt of the chin, the same inflexions of the voice. Svenson never had the slightest difficulty in shaping him in his own image.

But it was not so easy to guard the stump. As the township in front developed, and became known as a holiday resort, there were attacks on the stump from all sides. First it was the proprietress of the new boarding-house, a prim, suburban lady with a fringe and eyeglasses, who argued that it was an eyesore and blocked the view from her veranda.

"Such a beautiful view it would be, too, if that thing wasn't planked down in the middle distance. Catching the eye and holding it like some ghastly tombstone. My guests all complain that it's a blot on the landscape."

The schoolmaster was with her, not merely on aesthetic grounds, but because the youngsters had a habit of trying to climb it at playtime and there was always a danger of accidents. Other people wanted the relic removed for various reasons. It seemed to have the stigma of an earlier life about it, a crude, hand-

Zaun! Hab dir oft genug gesagt, du sollst nicht so kindisch sein!»

Oscar war ein freundlicher kleiner Flachskopf, der während seiner ersten Lebensjahre in einem Heim ein bißchen schüchtern geworden war; er empörte sich nie gegen diese überaus strenge Zucht. Er schien sogar dabei zu gedeihen und widerstandsfähiger zu werden. Die Bewunderung für seinen Großvater nahm solche Formen an, daß er ihn selbst in Kleinigkeiten nachäffte, und wenn er dem Metzgerburschen vorprahlte, wieviele Eier er eingesammelt habe oder was für eine große Wassermelone unten in ihrem Garten wüchse, dann hätte er der Alte sein können. Der gleiche forsche Gang, das gleiche keck vorgestreckte Kinn, der gleiche Tonfall in der Stimme. Svenson hatte nicht die geringste Mühe, ihn zu seinem Ebenbild zu machen.

Doch es war nicht so leicht, den Baumstumpf zu retten. Als sich die Gemeinde entwickelte und allmählich zu einem bekannten Ferienaufenthalt auswuchs, wurde der Baumstumpf von allen Seiten angegriffen. Zuerst war es die Besitzerin der neuen Pension, eine gezierte Vorstadt-Dame mit Fransen auf der Stirn und einer Lorgnette: sie behauptete, der Stumpf sei ein abscheulicher Anblick und versperre die Aussicht von ihrer Veranda.

«Es könnte eine herrliche Aussicht sein, wenn das Ding da nicht so breitspurig hingepflanzt wäre. Wie ein gräßliches Grabmal, an dem man nicht vorbeisehen kann. Meine Gäste beklagen sich, es sei ein Schandfleck in der Landschaft!»

Der Lehrer stand auf ihrer Seite, nicht nur aus ästhetischen Gründen, sondern weil die Schulkinder sich angewöhnt hatten, in der Pause daran hochzuklettern, und so war der Stumpf eine ständige Gefahrenquelle. Andere Leute wollten die Reliquie aus andern Gründen entfernt wissen. Der Baumstumpf schien den Makel eines vergangenen Lebens zu haben, als man noch primitiv von der Hand in den Mund leben mußte – gleich den ersten Ver-

to-mouth life, like the first attempts at building homes that most of them had turned into kitchens or outhouses covered with greenery.

The most formidable enemy of the stump, though, was the local councillor, for he had power and authority, and he wanted the obstacle cleared away for the deviation of a new road. A progressive type of man who had come late on the scene and bought his property instead of pioneering it, Rainey had no sympathy with sentimental ideas or associations.

"Old Svenson's been skiting about that stump for Lord knows how long," he said. "He's just about got his money's worth out of it by now. Anyhow he has no property rights over it, and it's a public nuisance."

And the reply of the storekeeper, the land-agent, and his other henchmen on the council, was always:

"That's so, Mr. Rainey: you're right there."

But Svenson was militant in defending the stump's right to remain, and he had his supporters. They were mainly drawn from the original settlers, and they didn't talk much, but their tenacity could be relied on:

"Why can't Rainey let it alone?" one of them growled. "The place wouldn't be the same if that old stump went down. It's a landmark."

And the others, with an obscure sense of loyalty to the past, repeated:

"That's right. It's a landmark."

The subject was always being raised when Svenson came out to the front for his mail, or sat in the store waiting for Oscar to be let out of school. Even his friends had a good-
140 humoured way of barracking him about it, and
141 their jokes never failed to make the old man

suchen, sich eine Unterkunft zu bauen, von denen die meisten längst zu Waschküchen und Schuppen geworden waren, von grünen Ranken überwuchert.

Der heftigste Feind des Baumstumpfes war jedoch der Ortsvorsteher, denn er hatte Macht und Autorität; der wollte das Hindernis aus dem Wege räumen, damit die neue Straße anders verlaufen könnte. Rainey war ein Mann des Fortschritts, der erst spät auf der Bildfläche erschienen war und sich seinen Grundbesitz gekauft hatte, anstatt ihn wie ein Pionier zu erobern: er hatte kein Verständnis für sentimentale Gedanken oder Erwägungen.

«Der alte Svenson hat schon Gott weiß wie lange mit dem Baumstumpf geprahlt», sagte er. «Mittlerweile sollte sich's wirklich für ihn bezahlt gemacht haben. Jedenfalls hat er kein Eigentumsrecht daran, und der Stumpf ist ein öffentliches Ärgernis.»

Und die Antwort des Ladenbesitzers und des Grundstückmaklers und seiner anderen Gefolgsmannen im Gemeinderat lautete stets:

«Stimmt, Mr. Rainey: da haben Sie ganz recht!»

Doch Svenson kämpfte um das Recht, den Stumpf stehenzulassen, und auch er hatte Anhänger. Sie stammten meist aus dem Kreis der ersten Siedler; die redeten nicht viel, aber ihre Zähigkeit war verläßlich:

«Warum kann Rainey den Stumpf nicht in Ruhe lassen?» schalt einer von denen. «Unser Ort wäre nicht mehr, was er ist, wenn der alte Stumpf fallen würde. Er ist ein Wahrzeichen!»

Und mit einem dumpfen Gefühl von Treue gegenüber der Vergangenheit wiederholten auch die andern:

«Das ist richtig! Er ist ein Wahrzeichen.»

Das Thema kam immer wieder zur Sprache, wenn Svenson seine Post holte oder im Laden saß und auf Oscar wartete, bis er aus der Schule kam. Selbst seine Freunde zogen ihn gutmütig damit auf, und mit ihren Witzeleien brachten sie es fertig, daß der alte Mann streitlustig aufbrauste. Wie ein zerzauster Kampfhahn sah er dann aus:

bristle aggressively. A ruffled fighting-cock, he looked, with his white moustaches waxed at the points and his pale eyes glinting behind their glasses. Since the rheumatics had come on him he was less inclined to boast about his orange-trees, which were running to wood, or his fowls, now being killed off because of the price of corn, but any attack on the stump always roused his fighting blood. They would see whether Rainey was game to remove it! If he tried, he would raise a storm that would sweep him out of his place on the shire council. Yes, there were enough of the old hands left to counter such an attack; they could make their minds easy about that.

And so the stump remained. Even Rainey didn't seem anxious to take the first step towards removing it, in spite of his talk. He knew there was a considerable amount of feeling liable to be aroused if he acted – more than if he did nothing. Having political ambitions, he was aware of the risks of offending even the least of his future constituents, for it was easier to make enemies than gain supporters. As well let sleeping dogs lie – for a while, anyway. Svenson was growing old. You could see it in his figure, no matter how he tried to keep his head up and his spine straight when people were looking at him. There would come a day...

It did come, sooner even than Rainey expected. Old Svenson was chipping among his orange-trees one afternoon when the schoolmaster and the boy from the store edged down the track, bearing little Oscar on an improvised stretcher. They laid their burden down by the gate, hesitating. They seemed to be waiting for the two women who were following behind.

mit seinem weißen Schnurrbart, desen Enden mit Wachs hochgezwirbelt waren, und mit den hellen Augen, die hinter der Brille aufblitzten. Seit ihn das Rheuma gepackt hatte, war er weniger geneigt, mit seinen Apfelsinenbäumen, die allmählich verwilderten, zu prahlen, oder mit seinen Hühnern, die wegen der hohen Futterpreise geschlachtet werden mußten.

Doch jeder Angriff auf den Baumstumpf brachte sofort sein Blut in Wallung. Sie würden ja sehen, ob Rainey es fertigbrachte, den Stumpf zu entfernen! Falls er es versuchte, dann würde er einen Sturm wachrufen, der ihn von seinem Posten in der Stadtverwaltung wegfegen würde. Ja, es seien noch genug alte Pioniere da, um einem solchen Angriff zu begegnen – da könnten sie ganz beruhigt sein.

Und folglich blieb der Baumstumpf stehen. Selbst Rainey schien trotz seines Geredes nicht begierig, den ersten Schritt zur Beseitigung des Stumpfes zu tun. Er wußte, daß eine beträchtliche Menge an Gefühlen aufgestört wurde, wenn er etwas unternahm – weit mehr, als wenn er nichts tat. Da er politischen Ehrgeiz hatte, war er sich des Risikos bewußt, auch nur den unbedeutendsten seiner zukünftigen Wähler zu verletzen, denn es war leichter, sich Feinde zu schaffen als Anhänger zu gewinnen. Besser war's, schlafende Hunde in Ruhe zu lassen – einstweilen wenigstens. Svenson wurde alt. Man sah es seinem Körper an, einerlei, wie er sich bemühte, den Kopf aufrecht zu tragen und das Kreuz durchzudrücken, wenn die Leute ihn ansahen. Ein Tag würde kommen ...

Und er kam. Eher, als selbst Rainey es erwartet hatte. Der alte Svenson war eines Nachmittags im Apfelsinengarten und stutzte die Bäume, als der Lehrer und der Junge aus dem Laden den Weg heran kamen und zwischen sich auf einer improvisierten Bahre den kleinen Oscar trugen. Zaudernd legten sie ihre Last am Gatter nieder. Sie schienen auf die zwei Frauen zu warten, die ihnen folgten.

It was some time before the old man could take in what had happened. Oscar had been climbing the stump in the lunch-hour, it appeared, and had slipped at the top niche, "t'irty feet from the ground", as his grandfather had so often said. The schoolmaster didn't attempt to drive home the moral, but he had foreseen some such accident if the stump remained, and his long, solemn face said plainly enough:

"There, what did I tell you? Your own grandson. You see how chickens come home to roost."

While the others were present the old man made light of the accident. Things like this were always happening. How many bad tumbles hadn't he had himself when he was a youngster! Tumbles from trees, from cliffs, and, later on, from the spars of sailing-ships rolling in gales round the Horn! Oscar would be back at school in a day or two, he affirmed, and the boy repeated in a dim voice that he would be back at school in a day or two. Not even a bone broken, the old man said, and the echo repeated that there wasn't even a bone broken. But when, next morning, he complained of his back, his grandfather rang up the ambulance and had him taken down to the railway, making up his mind in the train that he would consult the best specialist. Oh yes, the very best! Money – that was of no account. Emil hadn't seen a doctor soon enough; that was the trouble with him; but there were going to be no risks with little Oscar.

It was nearly a month before he returned, and during that time a few more wrinkles had accumulated on his forehead and his moustaches had lost their spiky aggressiveness. Lit-

Es dauerte einige Zeit, bis der alte Mann begriffen hatte, was geschehen war. Oscar war anscheinend in der Pause auf den Baumstumpf geklettert und am obersten Absatz ausgeglitten –, «zehn Meter über dem Boden», wie es sein Großvater so oft gesagt hatte. Der Lehrer versuchte nicht ihm die Moral aus der Geschichte vorzuhalten, doch hatte er einen solchen Unfall vorausgesehen, wenn der Stumpf nicht entfernt werden würde, und sein langes, ernstes Gesicht brachte deutlich genug zum Ausdruck:

«Hab ich's Ihnen nicht gleich gesagt? Ihr eigener Enkel. So kommen die Küken zum Schlafen nach Hause!»

Solange die anderen noch dastanden, suchte der alte Mann den Unfall zu verharmlosen. Solche Sachen kamen immer vor! Wie oft und wie heftig war er selber als Junge gestürzt! Stürze von Bäumen, Stürze von Felsklippen und – später dann – von den Masten der Segelschiffe, die im Sturm um Kap Horn schlingerten! Oscar würde in ein bis zwei Tagen wieder zur Schule gehen, versicherte er, und der Junge bestätigte es wie ein mattes Echo, daß er in ein bis zwei Tagen wieder zur Schule gehen würde. Er habe ja nicht mal einen Knochen gebrochen, sagte der alte Mann, und das Echo wiederholte, es sei nicht mal ein Knochen gebrochen. Doch als er am nächsten Morgen über Rückenschmerzen klagte, rief der alte Mann einen Krankenwagen herbei und ließ Oscar an die Bahn schaffen, und im Zuge beschloß er, den besten Spezialisten zu Rate zu ziehen. O ja, den allerbesten! Geld durfte keine Rolle spielen. Bei Emil war der Arzt nicht rechtzeitig geholt worden, deshalb war es so schlimm mit ihm geworden, doch bei dem kleinen Oscar wollte er nichts aufs Spiel setzen.

Es dauerte fast einen Monat, ehe er zurückkehrte, und während dieser Zeit hatten sich ein paar mehr Runzeln auf seiner Stirn eingefunden, und sein Schnurrbart hatte die stachlige Angriffslust verloren. Der Spezialist hatte ihm gesagt, daß der kleine Oscar sich die Wirbelsäule

tle Oscar had injured his spine, the specialist had told him, and would have to lie on his back for at least a year; indeed, it was doubtful whether he would ever walk again. Old Svenson had become hard of mental hearing, and it took some time for the news to sink into him. When it did, he decided to sell his orchard, then come back to town so that he would be near the boy. No use trying to let the place! He wouldn't be likely to find a man who would look after it with the same care as he had. And what pleasure would it be to come back in a year's time and find the trees a mass of wood, with weeds round them three feet high?

There was no car to meet the train, and as he walked up the five miles of steep road in the moonlight he had time to ponder on all that had happened since he first made the ascent. The people he had loved and taken a pride in – his wife, the two boys, Anna, and now little Oscar. Not much left to boast of now! ... But he didn't want to think or look back; it gave him a pain in the head and made the climb more slippery. With all their talk of progress they hadn't improved the grades much since he first struggled up with a sailor's kit on his back behind Doherty's bullock-team.

As he rested after the last abrupt rise, he was faced by the stump, looking white in the moonlight and durable as stone. For a long while he stood peering at it with his short-sighted eyes, his chin thrust out aggressively as of old, and his body rigid as hardwood. Then a little vein seemed to burst in his head, and he stumped off to where Rainey lived among his orange-trees in the big white house overlooking the lower slopes.

verletzt habe und mindestens ein Jahr lang auf dem Rükken liegen müsse, ja, es sei sogar zweifelhaft, ob er je wieder würde laufen können. Der alte Svenson war im Auffassen von Problemen etwas schwerfällig geworden, und es dauerte einige Zeit, bis er die Mitteilung des Arztes verarbeitet hatte. Als es soweit war, beschloß er, seinen Orangenhain zu verkaufen und dann in die Stadt zu ziehen, wo er in der Nähe des Jungen sein konnte. Zwecklos wäre es, das Anwesen zu verpachten! Er würde doch keinen finden, der alles mit der gleichen Sorgfalt betreute wie er selber. Und was wäre das wohl für eine Freude, nach einem Jahr zurückzukehren und zu sehen, daß die Bäume verwildert waren und daß das Unkraut sich meterhoch an ihnen emporrankte?

Es war kein Wagen am Bahnhof, als der Zug ankam, darum ging er bei Mondschein die fünf Meilen auf der steilen Straße bergan, konnte dabei über alles nachsinnen, was geschehen war, seit er zum ersten Mal hier heraufgestiegen war. Die Menschen, die er geliebt hatte und auf die er stolz gewesen war – seine Frau, die beiden Jungen, Anna, und jetzt der kleine Oscar. Zum Rühmen war nicht viel übrig geblieben! Aber er wollte nicht grübeln oder zurückblicken; es bereitete ihm Kopfweh, und der Anstieg wurde rutschiger. Mit all ihrem Gerede über den Fortschritt hatten sie die Steigung doch nicht besser gemacht, seit er sich damals mit seinem Seesack hinter Doherty's Ochsengespann hier heraufgeplagt hatte.

Als er nach den letzten steilen Anstieg geschafft hatte, stand er dem Baumstumpf gegenüber, der im Mondschein weiß und dauerhaft wie Stein aussah. Lange Zeit stand er da und blinzelte ihn aus kurzsichtigen Augen an, das Kinn so angreiferisch wie einst vorgeschoben und der Körper so unbiegsam wie Hartholz. Dann schien plötzlich eine kleine Ader in seinem Kopf zu platzen, und er stapfte weiter – dorthin, wo Rainey zwischen Orangenbäumen in einem großen weißen Haus wohnte, das weit über die Hänge schaute.

"You can root out that stump," he said, when Rainey appeared at the door.

The local councillor was in his pyjamas and already half-asleep. He looked at Svenson, whose eyes seemed pale and blind in the glare of light from the hall.

"Eh?" he said thickly.

"That stump," repeated the old man. "You can root it out now. I give you leaf. Yes, I myself give you leaf. You can burn it or root it out. It's stood too dam' long already."

It was his final surrender to life.

"Too dam' long already," he could hear Oscar echo faintly as he drifted off through the orange-trees.

«Sie können den Baumstumpf ausroden», sagte er, als Rainey in der Tür erschien.

Der Ortsvorsteher war im Pyjama und schlief schon halb. Er blickte Svenson an, dessen Augen im grellen Flurlicht blaß und trübe schienen.

«Was?» fragte er mit belegter Stimme.

«Der Baumstumpf», wiederholte der alte Mann. «Sie können ihn jetzt ausroden. Ich erlaub es Ihnen. Ja, ich selber erlaub's Ihnen. Sie können ihn ausroden oder runterbrennen. Er hat schon zu verdammt lange da gestanden.»

Es war seine endgültige Ergebung ins Leben.

«... schon zu verdammt lange ...», glaubte er Oscars leises Echo zu hören, als er zwischen den Apfelsinenbäumen weiterzog.

Xavier Herbert

Kaijek the Songman

Kaijek the Songman and his lubra Ninyul came up the river, picking their way through wind-stricken cane-grass and palm leaves and splintered limbs and boughs that littered the pad they were following. It was a still and misty morning, after a night of one of those violent south-east blows which clean up the wet monsoon. Mist hid the tops of the tall river timber and completely hid the swirling yellow stream. The day had dawned clear and cool; but now it was warming up again.

Sweat was trickling down Kaijek's broad gaunt face and through his curly raven beard, and down his long thin naked body from his armpits. He wore nothing but a loin-clout, a strip of dirty calico torn from a flour-bag and rigged on a waist-belt of woven hair. On his right shoulder he carried three spears and a wommera; and from his left hung a long bag of banyan-cord containing his big painted dijeridoo and music-sticks.

Fat little Ninyul, puffing at his heels, bore the bulk of their belongings – swag balanced on her curly head, big grass dillybag hanging from a brow-strap down her back, tommy-axe and yam-sticks in a sugar-bag slung on her left shoulder, and fire-stick and billy in her right hand. She wore a sarong made from an ancient blue silk dress.

Ninyul sniffed at the strong effluvium of her man. Not that she objected to it. Indeed, she was as proud of it as of his talent, of which she considered it an expression. As her wide fleshy nostrils dilated, she thought of how lesser song-

Xavier Herbert
Kaijek der Sänger

Kaijek der Sänger und seine Lubra Ninyul kamen den Fluß herauf; sie bahnten sich einen Weg durch windgebeugtes Rohr und Palmblätter und zerfetzte Zweige, mit denen der Pfad übersät war, dem sie folgten. Es war ein stiller, nebliger Morgen nach einer Nacht jener heftigen Südostwinde, die den feuchten Monsum wegblasen. Nebel hüllte die Wipfel der hohen Uferbäume ein und verbarg den strudelnden gelben Fluß. Der Tag hatte mit einer kühlen, klaren Morgendämmerung begonnen, doch jetzt wurde es schon wieder wärmer.

Der Schweiß rann Kaijek über das breite, hagere Gesicht durch den krausen rabenschwarzen Bart und aus den Achselhöhlen seinen langen, mageren nackten Körper hinab. Er hatte nichts an als einen Lendenschurz, einen schmutzigen Baumwollstreifen, der von einem Mehlsack abgerissen und an einem Gürtel aus geflochtenem Haar festgemacht war. Auf der rechten Schulter trug er drei Speere und einen Speerschleuderstock, und an der linken hing ein langer Beutel aus Banyan-Fasern, der seine große, bunt bemalte Riesentrompete und die Trommelstöcke enthielt. Die dicke kleine Ninyul schnaufte hinter ihm drein; sie trug die Hauptlast ihrer Habe: das Bündel, das sie auf dem Lockenkopf balancierte, den großen Roßhaarbeutel, der ihr vom Stirnriemen über den Rücken herunterhing, das kleine Handbeil und die Grabstöcke, die in einem über die linke Schulter geworfenen Zuckersack staken, und Zunderholz und Teekessel in der rechten Hand. Sie trug einen Sarong, den sie aus einem ehemaligen blauen Seidenkleid gemacht hatte.

Ninyul atmete schnuppernd die starke Ausdünstung ihres Mannes ein. Nicht, daß sie etwas dagegen gehabt hätte. Sie war vielmehr ebenso stolz darauf wie auf seine musikalische Begabung, für deren Äußerung sie den Schweiß hielt. Indem sie ihre weiten, fleischigen Nasen-

men always came to him during corroborees to have him rub them with his sweat. And she glowed in recollection of the great success he had made at the last gathering they had attended – amongst the Marrawudda people on the coast – with his latest song, "The Pine Creek Races". Apart from the classics, corroboree-crowds liked nothing better than a good skit in song on the ways of the white man. But this pleasant recollection lasted only for a moment. Ninyul became aware again of her man's drooped shoulders and his frenzied gait; and her anxiety for him in his struggle with his muse returned. At full moon they were due to attend a great initiation gathering amongst the Marratheil of the Paperbarks. The moon was nearly full already; and they were getting further from the Paperbarks every day; and still Kaijek had not composed the song that would be expected of him.

Kaijek was the most famous songman in the land. His songs were known from the red mountains of the Kimberley to the salt arms of the Gulf. Wherever they went, Kaijek and Ninyul, who was always with him, were warmly welcomed; for, though Kaijek's songs always travelled ahead of him, he never failed to come to a gathering with a new one. Not that Kaijek found composing easy. Far from it! Often his muse would elude him for moons. And so wretched would he become in his impotence, and so ashamed, that – pursued by Ninyul – he would fly from the faces of his fellows, to range the wilderness like one of those solitary ramping devil-doctors called the Moombas.

152 He was in the throes of that impotence now,
153 while he went crashing up the river through the

löcher öffnete, dachte sie an weniger gute Sänger, die während der Korroborris stets zu ihm kamen, um sich von ihm mit seinem Schweiß einreiben zu lassen. Und sie dachte mit Freude an den großen Erfolg, den er bei der letzten Zusammenkunft – bei den Marrawudda an der Küste – mit seinem neuesten Lied gehabt hatte, dem «Wettrennen am Fichten-Creek». Abgesehen von den altehrwürdigen Gesängen hörte ein Korroborri-Publikum nichts so gern wie die singend vorgetragenen Spottlieder auf die Lebensweise des weißen Mannes. Doch die angenehme Erinnerung dauerte nur eine kleine Weile. Ninyul bemerkte wieder die hängenden Schultern ihres Mannes und seinen aufgeregten Gang; er rang mit seiner Muse, und da war sie immer in Sorge um ihn. Beim vollen Mond sollten sie an einer großen Initiationsfeier der Marrathen auf der Myrthenheide teilnehmen. Der Mond war schon fast voll, und sie entfernten sich mit jedem Tage mehr und mehr von der Myrthenheide, und noch immer hatte Kaijek das Lied nicht verfaßt, das von ihm erwartet wurde.

Kaijek war der berühmteste Sänger im Land. Zwischen den Roten Bergen von Kimberley und den salzigen Meeresarmen des Golfs kannte jeder seine Lieder. Wohin sie auch kamen, Kaijek und Ninyul, die ihn stets begleitete: sie waren überall herzlich willkommen; Kaijeks Lieder waren ihm schon vorausgeeilt, doch er unterließ es nie, bei Zusammenkünften noch mit einem neuen zu erscheinen.

Nicht, als ob ihm das Komponieren leicht gefallen wäre. Durchaus nicht! Manchmal ließ seine Muse ihn monatelang im Stich. Und so unselig war er dann in seiner Ohnmacht, und so beschämt, daß er – gefolgt von Ninyul – den Gesichtern seiner Mitmenschen entfloh und durch die Wildnis streifte, wie es die einsam schweifenden Medizinmänner tun, die man Moombas nennt.

Jetzt lag er wieder in den Fesseln der Ohnmacht, während er durch ein Gewirr trockenen Krauts und krachen-

tangle of wrecked grass and trees. So he and Ninyul went on and on, travelling at great speed, but heading nowhere. Wallabies heard them coming and fled crashing and thudding from them. White cockatoos in the river timber dropped down to pry at them, and wheeled back shrieking into the mist. And on and on – till suddenly they were stopped in their tracks by a burst of uproarious dog-barking in the mist ahead.

Kaijek, staring ahead, heard the click of Ninyul's tongue, and turned to her. She gave the sign "white man", then pointed with her lips to the left. Kaijek looked and saw the stumps of a couple of saplings of size such as no blackfellow ever would fell to make a camp. Ninyul was already aware of the likelihood of a white man's presence in the neighbourhood, because some little distance back she had observed fresh prints of shod horses, and just before the dog barked had fancied she heard a horse-bell. Kaijek had seen and heard nothing consciously for miles. He turned and looked ahead again.

Then the dog appeared, a little red kelpie. When he saw them he yelped, turned tail and disappeared, yapping shrilly. They heard a white man yell at him. Still he yapped. They judged the distance. For a moment they stood. Ninyul glanced into the mist to the left, thinking of wheeling round that way to avoid what lay ahead. Then Kaijek turned to her again and hissed, "Inta jah – tobacca!"

She nodded. They had been without tobacco for a long while. Kaijek had often moaned in his despair that if he had only a finger of to-
154 bacco he might find his song.

155 They went ahead cautiously. A score of paces

der Äste flußaufwärts stapfte. Darum gingen er und Ninyul weiter und weiter: sie wanderten sehr zügig, doch ohne bestimmtes Ziel. Wallaby-Känguruhs hörten sie kommen und flohen polternd. Weiße Kakadus auf den Uferbäumen ließen sich tiefer herabfallen, um sie zu beobachten, und machten schreiend kehrt, zurück in den Nebel. Weiter und immer weiter – bis ein plötzlich angestimmtes wütendes Hundegebell, direkt vor ihnen im Nebel, sie am Weiterverfolgen des Pfades hinderte.

Kaijek blickte angestrengt nach vorn, hörte dann das Schnalzen von Ninyuls Zunge und sah sich nach ihr um. Sie gab das Zeichen «weißer Mann» und deutete mit den Lippen nach links. Kaijek sah dorthin und bemerkte die Stümpfe von ein paar jungen Bäumen, so klein, daß kein Eingeborener sie gefällt hätte, um sie in seinem Camp zu verwenden. Ninyul war schon etwas vorher der Anwesenheit eines Weißen innegeworden, denn sie hatte ein kleines Stück zuvor die frischen Spuren eines beschlagenen Pferdes gesehen, und kurz ehe der Hund losbellte, hatte sie geglaubt, sie höre ein Pferdeglöckchen. Kaijek hatte schon seit vielen Meilen nichts mehr mit Bewußtsein gesehen oder gehört. Er drehte sich um und blickte wieder nach vorn.

Dann erschien der Hund, ein kleiner roter Kelpi. Als er die beiden sah, jaulte er, zog den Schwanz ein und verschwand, schrill kläffend. Sie hörten, wie ein Weißer ihn rief. Er kläffte immer noch. Danach schätzten sie die Entfernung. Einen Augenblick blieben sie stehen. Ninyul sah nach links in den Nebel und überlegte, ob man einen Bogen schlagen und das vermeiden sollte, was da vorne lag. Doch Kaijek wandte sich ihr zu und zischte: «Inta jah – Tabak!»

Sie nickte. Sie hatten lange keinen Tabak gehabt. Kaijek in seiner verzweifelten Stimmung hatte oft geseufzt: wenn er nur eine Prise Tabak hätte, dann würde er sein Lied zu fassen kriegen.

Sie gingen vorsichtig weiter. Ein paar Dutzend Schritte,

brought them into dim view of a camp. There was a tent, a bark-roofed skillion, a bark-covered fireplace, a springcart, and pieces of mining gear. Kaijek and Ninyul knew what the gear was for, because they had often worked for prospectors. There was only one white man, and no sign of blacks. The white man was sitting on a box in the skillion, kneading a damper in a prospecting-dish between his feet, and looking into the mist in their direction. His dog was crouched before him, silent now, but tense.

Kaijek gave his spears and bag to Ninyul, but retained the wommera. Ninyul slipped behind a tree. Kaijek went on slowly. The white man soon saw him, stared hard at him with bulging blue eyes and bade him anything but welcome. Kaijek stopped at the fireplace. He knew the man slightly. He had seen him working a tin show in the Kingarri country, and had heard blacks describe him as a moody and often violent fellow. He was Andy Gant, a man of fifty or so, stout and stocky, with a big red bristly face and sandy greying hair and a long gingery unkempt moustache.

Andy Gant was in a particularly bad mood just then. The heavy humidity had upset his liver and brought out his prickly heat; which was why he was doing camp chores at that time of day, instead of digging gravel from the bench behind the camp and lumping it down to the sluice-box. To slave at digging that hard-packed gravel and washing out the lousy bit of gold it yielded was heart-breaking at any time, and too much to bear with a lumpy liver and fiery itch. He had slaved at that mean bench-placer throughout the wet, and had not won enough gold from it to pay for tucker, although the

und sie konnten in undeutlichen Umrissen ein Camp unterscheiden. Ein Zelt war da, ein mit Borke überdachter Dreifuß-Tiegel, eine mit Borke überdachte Feuerstelle, ein Federwagen und Teile einer Schürf-Ausrüstung. Kaijek und Ninyul wußten, wozu diese Ausrüstung diente, denn sie hatten oft für Goldgräber gearbeitet. Es war nur ein einziger Weißer da, keine Schwarzen. Der Weiße saß auf einer Kiste vor der Kochstelle und knetete Brotteig in einer Goldgräberwanne zwischen seinen Füßen; er schaute in ihrer Richtung in den Nebel. Der Hund lag geduckt vor ihm; er war still, aber wachsam.

Kaijek gab Ninyul die Speere und den Beutel, behielt aber den Speerschleuderstock. Ninyul glitt hinter einen Baum. Kaijek ging langsam weiter. Der weiße Mann sah ihn jetzt und starrte ihn mit blauen Glotzaugen an, die keinen freundlichen Empfang verhießen. Kaijek blieb vor dem Feuer stehen. Er kannte den Mann flüchtig. Er hatte ihn im Kingarri-Land auf einem Zinnfeld arbeiten sehen und hatte gehört, wie die Schwarzen ihn als launischen und oft gewalttätigen Kerl beschrieben. Er hieß Andy Gant, war um die fünfzig herum, untersetzt und stämmig, mit einem großen roten stachligen Gesicht, graurötlichem Haar und einem langen, ungepflegten rötlichen Schnauzbart.

Andy Gant war gerade in besonders schlechter Laune. Die große Feuchtigkeit hatte seiner Leber zu schaffen gemacht und Hitzepickel hervorgerufen, deshalb verrichtete er um diese Tagesstunde nur leichte Camp-Arbeit, statt von der Kiesbank hinter dem Camp Material abzuschürfen und zum Trog hinunterzuschwemmen. Es war schon sonst eine mörderische Arbeit, die harte Kiesschicht abzustechen und das elende Krümchen Gold auszuwaschen, das sie hergab; mit einer kranken Leber und brennendem Juckreiz war es vollends nicht auszuhalten. Der Mann hatte während der ganzen feuchten Zeit an dieser unergiebigen goldhaltigen Bank geschuftet und nicht so viel Gold herausgewaschen, daß er sich Essen kaufen konnte,

indications were that there was rich gold thereabouts. And most of the time he had been alone, deserted by the couple of blacks he had brought with him. He was just about ready now to shoot any nigger on sight.

Kaijek spat in the fire to show his friendliness, then grinned and said, "Goottay, boss!" And he stroked his beard and lifted his right foot and placed it against his left thigh just above the knee, and propped himself up with the wommera.

For answer Andy raised a broken lip and showed big yellow teeth. Then he gave attention to his damper.

Kaijek coughed, spat again, then said, "Eh, boss – me wuk longa you, eh?"

Andy's face darkened. He kneaded vigorously.

A pause, during which Kaijek coveted the pipe and plug of tobacco on the sapling-legged table at Andy's back. Then Kaijek said, "Me prop'ly goot wukker, boss. Get up be-fore deelight, wuk like plutty-ell ——"

Andy could contain himself no longer. With eyes ablaze he leapt to his feet and roared, "Git to jiggery out of it, you stinkin' rottin' black sumpen, before I put a bullet through you."

And his dog joined in with him, yapping furiously and dancing about.

"Wha' nim?" cried Kaijek, dropping his leg.

Andy grabbed a pick-handle with a doughy hand, and shouted, "I'll show you what name, you beggin' son of a sheeter – I'll show you what name – the ghost I will!" And he rushed.

"Eh, look out!" yelled Kaijek, and turned and
158 fled back to Ninyul with the dog snapping at
159 his heels. Ninyul bowled the dog over with a

obwohl alles darauf hindeutete, daß es hier herum reichlich Gold geben müßte. Fast die ganze Zeit war er allein gewesen; die paar Schwarzen, die er mitgebracht hatte, waren ihm durchgebrannt. Darum war er in der besten Verfassung, jeden Nigger, den er zu sehen bekam, einfach abzuknallen.

Kaijek spuckte ins Feuer, um seine freundliche Gesinnung zu zeigen, dann grinste er und sagte: «Guttetag, Boss!» Er strich sich den Bart, hob den rechten Fuß und stemmte ihn oberhalb des Knies auf den linken Oberschenkel und stützte sich auf seinen Woomerah.

Als Antwort verzog Andy ein wenig den Mund, so daß seine großen gelben Zähne zu sehen waren. Dann befaßte er sich wieder mit seinem Brotteig.

Kaijek hustete, spuckte nochmals und sagte: «Heh, Boss, ich für dich arbeiten?»

Andys Gesicht verdunkelte sich. Er knetete voller Ingrimm.

Eine Pause entstand, während welcher Kaijek mit begehrlichen Blicken die Pfeife und die Rolle Tabak ansah, die hinter Andy auf dem selbstgezimmerten Tisch lagen. Dann sagte Kaijek: «Ich gutte Arbeiter, Boss. Steh ganz früh auf, arbeit gutt . . .»

Andy konnte nicht länger an sich halten. Mit funkelnden Augen sprang er auf und brüllte: «Scher dich zum Teufel, du stinkendes, dreckiges schwarzes Vieh, sonst jag ich dir ne Kugel durch den Kopf!»

Und sein Hund stimmte ein und kläffte wütend und tanzte herum.

«Was machen?» schrie Kaijek und ließ den Fuß sinken.

Andy faßte mit seiner Teighand nach einem Pickel und brüllte: «Ich werde dir zeigen, was du machen sollst, du bettelnder Saukerl, ich werd es dir zeigen, sollst mal sehn!» Er stürzte vor.

«Hah, aufpassen!» schrie Kaijek gellend und floh zu Ninyul zurück, während der Hund ihm schon nach den Fersen schnappte. Ninyul brachte den Hund mit einem

stick. Then together they snatched up their belongings and bolted back along the track.

They stopped at the sapling stumps. "Marjidi naijil!" grunted Kaijek, and spat over his shoulder to show his contempt. Then he pointed with lips to the left, and set off in that direction. But though they were not seen as they skirted the camp, and though they went warily, their going was followed every step of the way in imagination by Andy's dog yapping at his master's side.

They had gone no more than fifty paces past the camp, and were still at the foot of the flood-bench, when they came upon a river-gum that had been uprooted in the night. Kaijek paused to look among the broken roots for bardies, and saw gold gleaming in a lump of quartzy gravel. He knew gold well, but had no more idea of its value than any average bush blackfellow. He gave his spears to Ninyul, and fished out the lump of gravel and freed the gold. It was a nugget of about two ounces on a piece of quartz. Kaijek picked it clean, spat on it, rubbed it on his thigh, weighed it, then looked at Ninyul and said with a grin, "Kudjing-gah – tobacca!"

They turned back, heading straight for the camp. The dog knew they were coming, and barked blue murder. Andy, now at the fireplace setting his damper in the camp-oven, rose up and peered into the mist again; and when Kaijek appeared he let out a stream of invective and grabbed up the pick-handle and rushed.

"No more – no more!" yelled Kaijek, and held out the nugget in his palm.

Andy had the handle raised to hurl it at him. He saw the gold. But his dog was flying at Kaijek.

Stock zu Fall. Dann rafften die beiden ihre Habseligkeiten zusammen und rannten den Pfad zurück.

Bei den abgehackten Stümpfen blieben sie stehen. «Marjidi naijil!» murrte Kaijek und spuckte hinter sich, um seine Verachtung kundzutun. Dann deutete er mit den Lippen nach links und setzte den Weg in dieser Richtung fort. Doch obwohl sie nicht zu sehen waren, während sie das Camp umgingen, und obwohl sie behutsam auftraten, folgte jedem ihrer Schritte die Aufmerksamkeit von Andys Hund, der neben seinem Herrn saß und kläffte.

Sie waren noch keine fünfzig Schritte am Camp vorbei und noch immer am Fuß der Kies-Anschwemmung, als sie an einen Uferbaum kamen, der gerade in der Nacht zuvor entwurzelt worden war. Kaijek blieb stehen, suchte zwischen zerrissenen Wurzeln nach Bewohnerschaft und sah in einem Klumpen Quarzkies etwas Gold schimmern. Er kannte Gold gut, wußte aber über seinen Wert nicht mehr als jeder gewöhnliche Buschneger. Er gab Ninyul die Speere, angelte sich den Kiesklumpen heran und polkte das Gold heraus. Es war ein Nugget von etwa dreißig Gramm auf einem Stück Quarz. Kaijek rieb es sauber, spuckte darauf, polierte es an seinem Oberschenkel, wog es in der Hand, schaute Ninyul an und sagte grinsend: «Kudjing-gah – Tabak!»

Sie kehrten um und hielten genau aufs Camp zu. Der Hund wußte, daß sie kamen, und bellte wie verrückt. Andy, der jetzt vor der Feuerstelle kniete, um sein Brot in den Ofen zu schieben, stand auf und spähte wieder in den Nebel; als Kaijek erschien, ließ er eine Flut von Verwünschungen los und packte den Pickel, um ihnen entgegenzustürzen.

«Nicht mehr – nicht mehr!» schrie Kaijek und hielt ihm das Nugget auf der Handfläche entgegen.

Andy hatte den Pickel hochgehoben und wollte ihn nach ihm werfen – da sah er das Gold. Doch der Hund rannte schon auf Kaijek los.

"Goold – goold!" yelled Kaijek, and flung it at Andy's feet, and made a swing at the dog with his wommera.

Andy snatched up the nugget, goggled at it, then looked up at Kaijek fighting with the dog, and rushed in with the handle to put the dog to flight. "Where – where'd you find it?" he gasped.

Kaijek pointed with his lips and replied, "Close-up behind."

"Then show me," gasped Andy. "Show me!" And his voice rose shrill. "Quick – where is it? Show me!"

Kaijek knew the symptoms of the fever. He turned and led the way with a rush.

Andy fairly flung himself at the roots. In a moment he had another nugget of an ounce or more, and then found one as big as a goose-egg. He turned his jerking face to Kaijek and cried, "Go longa camp. Gettim pick an' shovel. An' the axe. Quick, quick!"

Kaijek moved to obey, then turned and said, "Me hungry longa tobacca, boss."

"Tobacca there longa camp."

"No-more gottim pipe, boss."

"Pipe there, too," yelled Andy. "Take it. Take anything you like. But be quick!"

Kaijek flew. Ninyul, in the background, set down the belongings and followed him. It was she who took the things to Andy. Kaijek stopped in the camp to chop up tobacco and fill Andy's pipe; and when he went to the fireplace to light the pipe he swigged a quart of cold stewed tea he found there. Then he strolled back to the tree, puffing luxuriously.

162 Andy now had a good dozen ounces of gold
163 on a rock beside him, and was chopping off

«Goold! – Goold!» schrie Kaijek und warf es Andy vor die Füße. Dann holte er mit dem Speerschleuderstock aus, um den Hund abzuwehren.

Andy griff hastig nach dem Nugget und glotzte es an, dann blickte er auf Kaijek, der noch mit dem Hund zu kämpfen hatte und stürzte vor, um endlich den Hund wegzuscheuchen. «Wo – wo hast du's gefunden?» keuchte er.

Kaijek deutete mit den Lippen und sagte: «Da hinten, nicht weit.»

«Dann zeig mir's!» keuchte Andy. «Zeig mir's!» Und seine Stimme wurde ganz schrill. «Rasch! Wo ist es? Zeig mir's!»

Kaijek kannte die Äußerungen des Goldrausches. Er wandte sich um und führte Andy in aller Eile hin.

Andy warf sich geradezu auf die Wurzeln. Im Nu hatte er noch ein Nugget von gut dreißig Gramm, und dann fand er eins, das war so groß wie ein Gänseei. Er wandte Kaijek sein zuckendes Gesicht zu und schrie: «Lauf ins Camp! Hol Pickel und Schaufel! Und die Axt! Schnell! Schnell!»

Kaijek wollte schon gehorchen, drehte sich aber wieder um und sagte: «Bin hungrig auf Tabak, Boss!»

«Tabak ist oben im Camp!»

«Haben keine Pfeife, Boss!»

«Pfeife ist auch da!» kreischte Andy. «Nimm sie dir! Nimm alles, was du haben willst! Aber mach rasch!»

Kaijek lief hinauf. Ninyul, die im Hintergrund stand, legte ihre Sachen ab und folgte ihm. Sie war es dann, die Andy die gewünschten Werkzeuge brachte. Kaijek blieb im Camp, um Tabak feinzuschneiden und Andys Pfeife zu stopfen. Als er zur Feuerstelle ging, um sie sich anzuzünden, trank er hastig einen Schluck kalten Tee, den er dort fand. Dann schlenderte er zum Baum zurück und paffte genießerisch.

Andy hatte jetzt auf einem Felsblock neben sich gute zwölf Unzen Gold liegen und hackte die Wurzeln mit der

roots with the energy of a raving madman. And it was the eyes of a madman he turned on Kaijek when at length he paused for breath. He lowered the axe, and stepped up to Kaijek, and laid a great wet hairy hand on his slim black shoulder, and gurgled lovingly in his face, "Thank you, brother, thank you! It's what I've been lookin' for all me flamin' life. An' I owe it all to you. Yes, to you who I nearly druv away." He shook Kaijek till he rocked. "I won't forget it," he went on; and now he was near to tears. "My oath I won't! I'll look after you, brother, don't you worry. I'll pay you the biggest wages a nigger ever got. I'll pay you bigger'n white man's wages. Oh, ghost, I love you? I'll buy you everything you ever want. Gawd bless you!" And with that he flung himself back at the roots.

For a while Kaijek watched him. Then he said, "Eh, boss, me two-fella lubra hungry longa tucker."

Andy stopped chopping and gasped at him, "Plenty tucker longa camp. Take the lot. Take the rintin' jiggerin' lot! And when you're comin' back bring another pick an' shovel, an' a dish. There's damper in the oven. Eat it! Eat anything you flamin' well want to, brother. Everything I got is yours!"

Kaijek turned away, and signed to Ninyul, who picked up the belongings and followed him to the camp.

They sat by the fireplace, gorging bully-beef and hot damper and treacle, and swilling syrupy tea, while the racket of Andy's joyous labouring went on in the distance. Then they sat taking turn about with the pipe. Twice Andy yelled to them to come see fresh treasures he had un-

Kraft eines völlig Verrückten ab. Auch seine Augen waren die eines Verrückten, als er Kaijek ansah, weil er endlich Atem schöpfen mußte. Er ließ die Axt sinken, trat auf Kaijek zu, legte ihm seine große feuchte behaarte Hand auf die magere schwarze Schulter und gurrte ihm liebevoll ins Gesicht:

«Danke, Bruder, danke! Sowas hab ich mein ganzes Leben lang gesucht. Und dir hab ich's zu verdanken, jawohl, dir. Und fast hätt ich dich fortgejagt!» Er schüttelte Kaijek, daß er schwankte. «Ich werd es dir nie vergessen!» fuhr er fort; er war den Tränen nahe. «Ich schwör's dir, Bruder! Ich will für dich sorgen! Hab keine Sorge. Du sollst den größten Lohn bekommen, den je ein Nigger bekommen hat. Ich werde dir mehr Lohn bezahlen, als je ein Weißer bezahlt hat. Beim Himmel, du mein Liebling! Ich kauf dir alles, was du haben willst! Gott segne dich, Bruder!» Und damit machte er sich wieder über die Wurzeln her.

Eine Weile stand Kaijek da und beobachtete ihn. Dann sagte er: «He, Boss, mich und ebenfalls Lubra hungrig auf Essen.»

Andy hörte zu hacken auf und keuchte: «Viel Essen im Camp! Nimm alles! Nimm den ganzen verdammten Dreck!

Und wenn du wiederkommst, bring mir noch 'n Pickel und noch 'ne Schaufel und noch 'ne Wanne. Im Ofen ist Brot! Iß es! Iß alles, was du haben willst, Bruder! Alles, was ich habe, gehört dir!»

Kaijek wandte sich ab und gab Ninyul ein Zeichen. Die hob ihre Sachen auf und folgte ihm ins Camp.

Sie saßen an der Feuerstelle und schlangen gesalzenes Rindfleisch und heißes Brot und Sirup in sich hinein und tranken dazu Siruptee, während in der Ferne der Lärm von Andys fröhlicher Arbeit zu hören war. Danach rauchten sie abwechselnd die Pfeife. Zweimal rief Andy zu ihnen hinauf, sie sollten kommen und die neuen Schätze betrachten, die er aus der Erde hervorgeholt hatte. Auf

earthed. The first call Kaijek answered. Ninyul answered the second, because Kaijek, the artist, staring fixedly at the fire and humming to himself, did not hear it. Then suddenly Kaijek leapt up and smacked his rump and danced a few steps and began to sing:

O munnijurra karjin jai, ee minni kinni goold,
Wah narra akinyinya koori, mungawaddi yu . . .

He swung on Ninyul, whose eyes were shining and lips aquiver. For a moment he stared at her. Then he began to clap his hands and stamp a foot.

Kaijek stopped, turned panting to Ninyul. She leapt and cried joyously, "Yakkarai!"

Then Andy's voice rang out through the thinning mist, "Eh, brother – come here! Come quick! Come quick an' see what the angels 've planted for you an' me. O Gawd!" He ended with a sob.

Kaijek looked towards him for a while. Then he turned back to Ninyul and made a sign. She went to their belongings. He followed her, and gathered up his stuff and shouldered it, then led the way down the river again, heading full speed for the gathering in the Paperbarks.

den ersten Ruf antwortete Kaijek. Auf den zweiten Ruf antwortete Ninyul, denn Kaijek, der Künstler, hörte ihn nicht. Er blickte starr ins Feuer und summte vor sich hin. Plötzlich sprang Kaijek hoch und schlug sich auf den Steiß und tanzte ein paar Schritte und begann zu singen:

O munnijurra karjin jai, ee minni kinni goold,
Wah narra akinyinya koori, mungawaddi yu . . .

Mit einem Satz sprang er auf, vor Ninyul hin, die mit leuchtenden Augen und zitternden Lippen dastand. Einen Augenblick starrte er sie an. Dann begann er in die Hände zu klatschen und mit einem Fuß aufzustampfen.

Kaijek hielt keuchend inne und wandte sich an Ninyul. Sie hüpfte und rief fröhlich: «Yakkarai!»

Nun drang Andys Stimme durch den dünner werdenden Nebel: «O Bruder, komm her! Komm schnell! Komm schnell und sieh, was die Engel für dich und mich hier in die Erde gelegt haben! O Gott!» Er brach schluchzend ab.

Kaijek sah eine Weile zu ihm hinunter. Dann drehte er sich nach Ninyul um und gab ihr ein Zeichen. Sie holte die Bündel. Er folgte ihr, packte seine Sachen und lud sie sich auf die Schulter. Dann ging er vor ihr her, flußabwärts, um in größter Eile der Zusammenkunft auf der Myrthenheide zuzustreben.

E. O. Schlunke

The Enthusiastic Prisoner

Henry Holden decided to get an Italian prisoner of war after he had seen several at work on Esmond's farm. Esmond was building a shed, and it was beautiful to see how they ran to get the things he needed, how they rushed to carry anything he picked up, and how they seemed to take it for granted that they were there to do all the heavy work while the boss gave the orders.

When the captain in charge of the P.W.C.C. had a preliminary look over Henry's place he tactlessly asked him if he was an invalid; he saw so few signs of work being done and so many of neglect. He wasn't at all keen on letting Henry have a P.W.; he didn't think he was the type to handle them successfully, but, on the other hand, he was eager to get his "hundred".

When the P.W. arrived, Henry was decidedly disappointed with him at first sight. He did not look obliging and polite; he didn't even look like an Italian. He had a tremendous amount of fuzzy brown hair; his eyebrows were so large and dense they nearly surrounded his eyes, and thick hair grew all round his neck and jutted out of his ears. His small, bright eyes glinted sharply from among all the hair; not at all like the large, soft and servile eyes of the Italians at Esmond's. In fact he reminded Henry of a big brown bear, with his air of having great physical strength and tremendous determination. When the military truck drove away Henry had an uncomfortable feeling of
168 having let himself in for something.

169 He directed Pietro to his room, and while he

E. O. Schlunke
Der eifrige Kriegsgefangene

Nachdem Henry Holden auf Esmonds Farm mehrere italienische Kriegsgefangene bei der Arbeit beobachtet hatte, beschloß er, sich auch einen zu besorgen. Esmond baute gerade einen Schuppen, und es war herrlich mitanzusehen, wie sie rannten, um die Sachen herbeizuholen, die er brauchte, wie sie herbeistürzten, um das zu tragen, was er in die Hand genommen hatte, und wie sie es ganz selbstverständlich zu finden schienen, daß sie alle schwere Arbeit machten, während der Boss herumkommandierte.

Als der leitende Offizier des Kriegsgefangenenlagers sich Henrys Farm erst mal anschaute, fragte er ihn nicht gerade taktvoll, ob er Invalide sei; er sah so wenige Anzeichen, daß bei ihm gearbeitet wurde, und so viele, die von Vernachlässigung sprachen. Er war gar nicht darauf erpicht, Henry einen Kriegsgefangenen zu überlassen; er glaubte nicht, daß Henry der geeignete Typ sei, um mit ihnen umzugehen – aber andererseits wollte er gern seine «Hundert» bekommen.

Als der Kriegsgefangene erschien, war Henry auf den ersten Blick äußerst enttäuscht von ihm. Er sah nicht zuvorkommend und höflich aus; er sah nicht mal wie ein Italiener aus. Er hatte einen Wust von krausem braunen Haar; seine Augenbrauen waren so üppig und dicht, daß sie die Augen beinah einschlossen, und dichtes Haar wuchs ihm rings um den Hals und schaute aus den Ohren heraus. Seine kleinen klugen Augen blitzten durchdringend aus all der Haarfülle hervor – gar nicht wie die großen, sanften und ergebenen Augen der Italiener bei Esmond. Eigentlich erinnerte er Henry an einen großen braunen Bären, denn er sah ganz so aus, als hätte er ungeheure Körperkräfte und eine überwältigende Energie. Als der Militärlastwagen wegfuhr, hatte Henry ein unbehagliches Gefühl, als habe er sich etwas eingebrockt.

Er zeigte Pietro sein Zimmer, und während er sich ein-

was settling in, tried hurriedly to work out a plan of what to do with him. There was, of course, plenty of work to do, but is wasn't so easy to start a man who didn't understand English, or know Australian farms. In a few minutes Pietro appeared.

"Worrk," he said, briefly and determinedly.

Henry abandoned his half-formed plan to let him have the first half of the day off to get settled. Getting quite panicky, he thought of a number of jobs, only to realize he didn't have the necessary materials In desperation he decided to repair a fence. He pointed to the fence, and to some tools and tried to explain to Pietro.

"Unnerstan, reparare," said Pietro.

Pietro picked up the shovel and pick, and started hunting for a "leva". Henry soon realized that he meant a crowbar, but he couldn't remember where his was. Pietro looked at him in astonished reproval. When they started off, Pietro carrying all the heavy tools while Henry carried the wire strainer, Henry felt better, though he was sure that Esmond's men would have offered to carry the wire strainer too.

They did little good with the fence although Pietro was obviously eager to work. It really needed a lot of new posts and wires, and Henry had neither. They tightened what wires were there and braced and stayed some of the key posts in a makeshift manner. Pietro liked the wire strainer, apparently he had never seen one before and he was greatly intrigued with the way it worked.

"Very ni, very ni," he said.

But when they were going home for dinner he glanced disapprovingly at the propped-up posts.

richtete, versuchte Henry einen Plan auszuarbeiten, was er mit ihm anfangen könnte. Es gab natürlich viel Arbeit, aber es war nicht so einfach, einen Mann einzusetzen, der kein Englisch verstand und nichts von australischen Farmen wußte. Nach ein paar Minuten kam Pietro zu ihm.

«Arrrbeit», sagte er – kurz und entschieden.

Henry gab seinen halb gefaßten Plan auf, ihn den ersten halben Tag zu beurlauben, damit er sich einleben könne. Er geriet in eine wahre Panik und dachte an alle möglichen Arbeiten, doch bei jeder fiel ihm ein, daß er nicht das notwendige Handwerkszeug hatte. Voller Verzweiflung entschloß er sich, einen Zaun auszubessern. Er zeigte auf den Zaun und auf etwas Werkzeug und versuchte es Pietro klarzumachen.

«Ich verstaan, riparare», sagte Pietro.

Pietro nahm Schaufel und Picke und begann, nach einem Brecheisen zu suchen. Henry merkte bald, was er haben wollte, konnte sich aber nicht erinnern, wo es war. Pietro blickte ihn mit erstaunter Mißbilligung an. Als sie aufbrachen und Pietro all die schweren Geräte trug, während Henry nur den Drahtspanner hatte, war ihm schon etwas wohler zumute, doch er war überzeugt, daß Esmonds Gefangene sich auch noch erboten hätten, den Drahtspanner zu tragen.

An dem Zaun brachten sie nicht viel Vernünftiges zustande, obwohl Pietro offensichtlich sehr gern arbeiten wollte. Es fehlten aber eine Menge neue Pfosten und Draht, und Henry hatte beides nicht. Sie zogen die vorhandenen Drähte an und begannen die wichtigsten Pfosten behelfsmäßig aufzurichten und zu stützen. Der Drahtspanner gefiel Pietro; er hatte offenbar noch nie einen gesehen und interessierte sich sehr dafür, wie er funktionierte.

«Särr gutt, särr gutt», sagte er.

Doch als sie zum Mittagessen nach Hause gingen, warf er einen mißbilligenden Blick auf die abgestützten Pfosten.

"No good, no good," he said.

Henry usually had a nap after dinner, which lasted well into the afternoon if the day happened to be warm. But Pietro apparently didn't know about "dinner hours". He waited outside the door for a while, then knocked and said, quite politely but very firmly, "Worrk".

Henry went out and remembered the woodheap. It cheered him immensely. He had recently brought in a load and it would take Pietro several days to chop it up. It would be a great stand-by. Pietro could work there all the afternoon. He lay down while Pietro chopped with great vigour, but he could not sleep or even relax properly because of his problem. His wife and children, too, kept asking him questions about Pietro; they were rather awed by him.

He heard the rumble of the wheelbarrow on the veranda several times, and sounds of cut wood being tipped out. Then Pietro knocked on the door. He pointed to a great pile of wood and said, "Sufficiente?"

"No, not sufficent," said Henry, "chop more."

Pietro looked at him with a blank expression.

"No unnerstan," he said, and before Henry could work out another way of expressing himself, he inquired, "Sufficiente one day? Two day? Tre day?"

"Tre day," Henry admitted reluctantly.

Pietro smiled broadly and looked surprisingly pleasant as he did so. "Plenty sufficiente," he said, closing the argument.

Henry went and got his hat. He could hear the wind banging a loose sheet of iron on the roof of the machinery shed. They would begin by nailing it down. But when they got on the

«Nikt gutt, nikt gutt!» sagte er.

Henry hielt meistens nach dem Essen ein Mittagsschläfchen, das bis weit in den Nachmittag dauerte, falls es ein heißer Tag war. Doch Pietro hatte anscheinend noch nie etwas von Mittagspause gehört. Er wartete ein Weilchen draußen vor der Haustür, dann klopfte er an und sagte sehr höflich, aber sehr energisch: «Arrrbeit!»

Henry kam heraus; ihm fiel der Holzstoß ein, worüber er sich mächtig freute. Kürzlich hatte er eine Ladung Holz gekauft, und Pietro würde bestimmt mehrere Tage brauchen, bis er alles zerkleinert hätte. Das war eine große Erleichterung. Pietro konnte heute den ganzen Nachmittag arbeiten. Er legte sich hin, und Pietro hackte mit großer Kraftentfaltung Holz klein, doch Henry konnte nicht einschlafen und sich auch nicht richtig entspannen, weil ihn das Problem bedrückte. Seine Frau und seine Kinder stellten ihm auch dauernd Fragen wegen Pietro: er schüchterte sie ziemlich ein.

Henry hörte ein paarmal, wie der Schubkarren über die Veranda rumpelte, und dann, wie das zerkleinerte Holz aus dem Karren gekippt wurde. Danach klopfte Pietro an die Tür. Er zeigte auf einen großen Berg Feuerholz und fragte: «Genug?»

«Nein, nicht genug», sagte Henry. «Hack noch mehr!»

Pietro sah ihn verständnislos an.

«Nickt verstehn», sagte er, und ehe Henry sich auf eine andere Methode besinnen konnte, es ihm klarzumachen, fragte Pietro schon: «Genug ein Tag? Zwei Tag? Drei Tag?»

«Drei Tag», räumte Henry unwillig ein.

Pietro strahlte vor Freude und sah zu Henrys Verwunderung dabei sehr nett aus. «Särr genug», sagte er, und damit war der Fall für ihn erledigt.

Henry holte sich seinen Hut. Er hörte, daß der Wind eine lose Blechplatte auf dem Dach vom Maschinenschuppen hin- und herschlug. Sie wollten gleich drangehen, sie festzunageln. Doch als sie auf dem Dach standen,

roof Pietro discovered that half the sheets were loosed. Henry gave him nails and directed him to fasten down the flapping sheets. But Pietro was hunting round for causes. He discovered that the rafters were rotting, and demonstrated it by giving one a hard hit with the hammer. It split from end to end, and a couple of sheets immediately blew off the roof.

They spent the afternoon cutting trees in the scrub and trimming them for rafters, though nothing was farther from Henry's intention and inclination. He cut down a few little trees while Pietro cut a lot of big ones. Pietro always took the heavier end when they loaded the rails, but even so Henry became exhausted. Round about four o'clock he decided to go home.

"Sufficient," he said.

Pietro consulted a diagram he had made.

"No sufficiente," he said. "Encora four."

They went on working.

At tea that night Pietro met all the family. There was a flapper daughter, three younger boys, and a baby. He was particularly interested in the baby. He made some queer foreign noises at it, and to everyone's surprise it showed unmistakable signs of affection for him. He asked Mrs. Holden if it was breast-fed, and when she told him, in some confusion, that it was not, he wanted to know why. Then he gave her detailed and intimate directions, mainly by signs, about how to ensure an abundant flow for the next baby. The flapper daughter half smothered a lot of embarrassed giggles, and the boys nearly "busted" trying not to laugh. Henry felt that he ought to reprimand Pietro for his indelicacy, but didn't know how he could make him understand.

entdeckte Pietro, daß die Hälfte der Blechplatten lose war. Henry gab ihm die Nägel und wies ihn an, die lockeren Bleche zu befestigen. Aber Pietro wollte rauskriegen, was die Ursache war. Er entdeckte, daß die Balken morsch waren, und bewies es auch, indem er mit dem Hammer kräftig auf einen Balken schlug. Er spaltete ihn von einem zum andern Ende auf, und sofort flogen ein paar Bleche vom Dach.

Sie verbrachten den Nachmittag damit, im Busch Bäume zu fällen und sie für Balken zurechtzuhauen, obwohl nichts Henrys Absicht und Neigung ferner lag. Er fällte ein paar kleine Stämmchen, während Pietro viele große Stämme umlegte. Pietro trug immer das dickere Ende, als sie die Stämme verluden, doch wurde Henry trotzdem sehr müde. Gegen vier Uhr entschloß er sich, nach Hause zu fahren.

«Genug», sagte er.

Pietro studierte eine Skizze, die er sich gemacht hatte. «Nickt genug», sagte er. «Vier!»

Sie arbeiteten weiter.

Beim Abendbrot lernte Pietro die ganze Familie kennen. Es war ein Backfisch da, drei kleinere Jungen und ein Baby. Pietro interessierte sich ganz besonders für das Baby. Er machte ihm ein paar merkwürdige ausländische Laute vor, und zum allgemeinen Staunen gab das Baby ganz unverkennbar zu erkennen, daß es ihn mochte. Pietro fragte Mrs. Holden, ob sie das Kind stille, und als sie ihm etwas verwirrt sagte, daß sie es nicht tue, wollte er wissen, warum nicht. Dann gab er ihr – meistens durch Zeichensprache – eine eingehende und intime Anleitung, wie sie dafür sorgen könne, daß beim nächsten Baby reichlich Muttermilch vorhanden sei. Das Backfischlein erstickte fast an unterdrücktem Gekicher, und die Jungen platzten beinahe, weil sie nicht lachen wollten. Henry hatte das Gefühl, er müsse Pietro wegen seiner Taktlosigkeit tadeln, aber er wußte nicht, wie er sich verständlich machen konnte.

The next day Henry felt stiff and sore. He decided to relax, but Pietro kept calling him on to the roof; sometimes for advice, but mostly to help him in fitting rafters which were too big to be "poseeble solo".

They finished re-roofing the shed by the week-end. Pietro wanted to know if they would cut some fence posts next week to repair the fences. Henry thought of how he would suffer if he had to work on the other end of a cross-cut-saw with a tireless bear like Pietro. He said, "No, some other work."

But he didn't like the way Pietro looked at him, so he decided to hide the crosscut-saw.

On Sunday Esmond's Italians came to visit Pietro. They must have told him all about what was going on at their place, because on Monday morning Pietro wanted to know why Henry was not preparing his soil for his crops, like Mr. Esmond. Henry looked a bit guilty, then he tried to explain that he used different methods from Esmond's. Pietro was not satisfied.

"Mr. Esmond good resultare? No good resultare?"

Henry had to admit that Esmond's results were good. He also had to confess that his own results were often bad.

"Provare similar Mr. Esmond," Pietro suggested enthusiastically. "Poseeble very good oat, very good weet."

"Tractor broken," said Henry. He was always overwhelmed by a feeling of hopeless apathy in the autumn, and he couldn't face the strain of all the preparations necessary for his worn-out plant.

"Me look?" asked Pietro, and was off before Henry could say anything to the contrary.

Am nächsten Tag hatte Henry einen Muskelkater. Er beschloß, sich zu schonen, doch Pietro rief ihn oft aufs Dach – manchmal, um einen Rat zu erbitten, aber meistens, um sich bei den großen Balken helfen zu lassen, die zu schwer waren, um «solo» eingefügt zu werden.

Gegen Wochenende hatten sie den Schuppen mit einem neuen Dach versehen. Pietro wollte wissen, ob sie Holz für Pfosten fällen könnten, um nächste Woche den Zaun auszubessern. Henry stellte sich vor, wie sehr er leiden würde, wenn er mit einem unermüdlichen Bären wie Pietro an der Waldsäge arbeiten müßte. Er sagte: «Nein, andre Arbeit.»

Aber die Art, wie Pietro ihn ansah, gefiel ihm nicht, deshalb beschloß er, die Waldsäge zu verstecken.

Am Sonntag erschienen Esmonds Italiener, um Pietro zu besuchen. Anscheinend hatten sie ihm alles erzählt, was auf ihrer Farm unternommen wurde, denn am Montagmorgen wollte Pietro wissen, weshalb Henry nicht den Boden für die Saat vorbereitete, wie es Mr. Esmond tat. Henry sah ein wenig schuldbewußt aus, dann versuchte er ihm zu erklären, seine Methoden seien eben anders als die von Mr. Esmond. Pietro war damit nicht einverstanden.

«Mr. Esmond gutt Resultat? Nickt gutt Resultat?»

Henry mußte zugeben, daß Mr. Esmonds Resultate gut wären. Er mußte sogar zugeben, daß seine eigenen Resultate oft schlecht wären.

«Probieren ähnlich wie Mr. Esmond», schlug Pietro begeistert vor. «Vielleicht särr gutte Hafer, särr gutte Weizen.»

«Traktor kaputt!» erklärte Henry. Im Herbst hatte er stets ein Lebensgefühl hoffnungsloser Apathie, und er konnte die anstrengenden Vorbereitungen, die für sein abgenutztes Inventar nötig waren, noch nicht ins Auge fassen.

«Ick sehn?» fragte Pietro und war verschwunden, ehe Henry ihn hindern konnte.

Pietro had a thorough look over the tractor and scarifier. He made a list of all the new parts needed, which he laboriously translated into English with the help of his little dictionary. He explained that he was not a mechanic, but he had had a lot of experience with military vehicles. He suggested that Henry go to town and get the necessary parts, and Henry went, glad to get away from the responsibility of Pietro for an afternoon.

While Henry was away Pietro "polished" the tool-shed and the farmyard. When Henry came home, rather late in the evening, and somewhat the worse for wine, he thought he had come to the wrong farm until Pietro came out of his room and carried his parcels for him. He was in an exalted mood and gave Pietro an orange for his services. But Pietro spoiled the effect by telling him of several things he had forgotten to bring.

At the table that night Pietro objected to Mrs. Holden giving the baby honey to stop it crying.

"No good, 'oni, no good," he said.

But she continued to exercise the lawful rights of a mother. Suddenly the baby vomited. Pietro made an angry noise, jumped up and put the honey away in the cupboard.

"No good, no good," he said, so emphatically that she was startled and impressed.

Henry found that he couldn't tell Pietro much about overhauling farm machines. He stood by to tell him where tools, parts and materials were kept; frequently he found it easier to get them than to explain; sometimes when Pietro was held up and impatient Henry found himself running just like one of Es-

Pietro untersuchte den Traktor und die Messeregge mit großer Gründlichkeit. Er machte eine Liste von allen neuen Teilen, die notwendig waren, und dann übersetzte er sie mit Hilfe seines kleinen Wörterbuches mühsam ins Englische. Er erklärte, er sei zwar kein Mechaniker, doch habe er mit Militärfahrzeugen eine große Erfahrung. Er schlug vor, daß Henry in die Stadt ginge, um die notwendigen Teile zu besorgen, und Henry ging und war froh, die Verantwortung für Pietro einen Nachmittag lang los zu sein.

Während Henry weg war, «polierte» Pietro den Werkzeugschuppen und den Hof. Als Henry ziemlich spät am Abend und – wegen des Weins – in recht kläglichem Zustand nach Hause kam, glaubte er, daß er nach der falschen Farm gefahren sei, bis Pietro heraus kam und ihm die Pakete abnahm.

Henry war in glänzender Laune und schenkte Pietro eine Apfelsine für treue Dienste, doch Pietro verdarb die Wirkung, denn er zählte ihm die Dinge auf, die er vergessen hatte mitzubringen.

Am Abend bei Tisch war Pietro dagegen, daß Mrs. Holden das Baby mit Honig fütterte, damit es zu weinen aufhöre.

«Nickt guttt, nickt guttt», sagte er.

Aber sie fuhr fort, die ihr gesetzlich zugebilligten Rechte einer Mutter auszuüben. Plötzlich übergab sich das Baby. Pietro stieß einen ärgerlichen Laut aus, sprang auf und stellte den Honig in den Schrank.

«Nickt guttt, nickt guttt», rief er so nachdrücklich, daß sie erschrak und ihm glaubte.

Henry merkte, daß er Pietro nicht viele Ratschläge für das Instandsetzen von Farmmaschinen geben konnte. Er stand daneben, um ihm zu sagen, wo Werkzeuge, Ersatzteile und Material aufbewahrt wurden; häufig fand er es einfacher, sie selbst zu holen, anstatt es zu erklären, und manchmal, wenn Pietro dringend etwas brauchte und ungeduldig wurde, lief Henry plötzlich genau so flink wie

mond's Italians, until he remembered his dignity as a "padrone". They had an auspicious rain when everything was ready, and Henry's land was never worked into better condition.

The tractor ran very well. Pietro assumed a jealous control of it and appeared to be very happy on it no matter how long he worked. The arrangement suited Henry extremely well. He felt free for the first time since his prisoner arrived. He had plenty of time to turn over all the vague plans he had in his head.

When Pietro finished working the land he suggested again that they cut some fence posts. But Henry was ready with his own plan. Pietro was to paint the house. Pietro agreed heartily; the house certainly needed painting. They went to have a good look at the walls. Not only had the paint peeled off, but much of the plaster was cracked and loose.

"No good paint," said Pietro. "Prima plaster."

But the thought of all the work and expense involved in plastering horrified Henry. He said authoritatively, "Paint sufficient". And he got a trowel and demonstrated how the rough plaster could be smoothed off sufficiently. He handed the trowel to Pietro, who made what appeared to be a similar movement. But the result was vastly different, at least a wheelbarrow-load of plaster fell off the wall.

"Plenty similar," he said, and knocked off another square yard with a flick of his wrist. Henry gave in.

Henry was kept very busy mixing the plaster and carrying it to Pietro. It had to be mixed in small lots and applied immediately, Pietro said, otherwise it would fall off just like the previous coat.

einer von Esmonds Italienern, bis er es merkte und sich an seine Würde als «Padrone» erinnerte. Als alles fertig war, fiel ein glückverheißender Regen, und Henrys Land wurde so gut bearbeitet wie noch nie.

Der Traktor lief sehr gut. Pietro wachte ziemlich eifersüchtig darüber und schien ganz beglückt oben zu sitzen, einerlei, wie lange er arbeitete. Diese Einteilung paßte Henry ausgezeichnet. Zum erstenmal, seit sein Gefangener eingetroffen war, fühlte er sich frei. Er hatte reichlich Zeit, um all die unbestimmten Pläne zu wälzen, die er im Kopf hatte.

Als Pietro das Land fertig bearbeitet hatte, schlug er wieder vor, sie sollten Zaunpfosten schneiden. Aber Henry war schon mit seinem eigenen Plan bei der Hand. Pietro sollte das Haus anstreichen. Pietro willigte erfreut ein; ein Anstrich tat dem Haus bitter not. Sie gingen nach draußen, um die Mauern gründlich anzuschauen. Leider war nicht nur die Farbe abgeblättert, sondern auch der Mörtel war brüchig und locker.

«Malen nickt guttt», sagte Pietro. «Erst verputzen!»

Doch der Gedanke an all die Arbeit und die Unkosten, die mit einem neuen Mörtelbewurf verbunden waren, erschreckte Henry. Er sagte gebieterisch: «Malen genug!» Er nahm sich eine Maurerkelle und führte Pietro vor, daß man den rauhen Bewurf hinreichend glattstreichen könne. Er händigte ihm die Kelle aus, und Pietro machte anscheinend die gleiche Bewegung, aber das Ergebnis war grundverschieden, denn mindestens eine Schubkarre voll Mörtel fiel von der Mauer.

«Genau gleich», sagte er und klopfte einen andern Quadratmeter Oberfläche einfach mit einer flinken Handbewegung herunter. Henry gab nach.

Henry war nun ständig in Anspruch genommen: er mußte Mörtel mischen und ihn Pietro bringen. Nur in kleinen Mengen durfte der Mörtel angerührt werden, sagte Pietro, sonst würde er genau so abfallen wie der vorherige Bewurf.

When it was finished Henry brought out the paint. Pietro was very interested in the "colore". But when he discovered that it was to be a drab, uniform stone-colour all his eagerness vanished.

"No good, no good," he said, "similar dirt."

He woudn't take the brush when Henry offered it to him.

"Brush no good, he said. "Troppo old."

Henry tried the brush and had to admit it was worn out. He decided to go to town and get a new one. Pietro wanted to go too; to get his hair cut. Henry left him at the Control Centre and went to do his shopping. When he walked into the general store, where he did most of his business, he had an uneasy feeling that he was being followed. He turned and saw Pietro carrying the two big tins of stone-coloured paint. He had that brown-bear look about him which Henry hadn't liked the first time he saw him.

The manager of the hardware came up to them. He saw by the look in Henry's eye that he wasn't sure of himself, so he turned to Pietro, who appeared to know exactly what he wanted. Pietro held up the tins.

"Colore no good," he said.

The manager remembered having advised Henry against a uniform drab colour, and immediately set out to help Pietro. He quite ignored Henry's somewhat indistinct, "No, it's all right. I'll keep it."

He showed Pietro a colour card and he selected a very light cream, a bright blue and a black.

"One big crema, one little blue, one little
182 little nero," he said.
183 The manager was, as he would have said, in-

Als das Verputzen geschafft war, rückte Henry mit der Farbe an. Pietro interessierte sich sehr dafür, welche «colore» es sei. Doch als er entdeckte, daß es eine steingraue, eintönig stumpfe Farbe war, schwand sein ganzer Eifer.

«Nickt gutt, nickt gutt», sagte er. «Wie Drreck!»

Er ließ auch den Pinsel nicht gelten, den Henry ihm reichte.

«Nickt gutt», sagte er. «Troppo alt!»

Henry probierte den Pinsel aus und mußte selbst zugeben, daß er abgenutzt war. Er beschloß, in die Stadt zu fahren und einen neuen zu kaufen. Pietro wollte mitkommen, er müsse sich das Haar schneiden lassen. Henry ließ ihn im Control Centre und machte sich an seine Besorgungen. Als er in das Geschäft trat, in dem er meistens alles einkaufte, hatte er ein unheimliches Gefühl – als ob ihm jemand folge. Er drehte sich um und sah, daß es Pietro war, der die zwei große Büchsen mit steingrauer Farbe schleppte. Er glich wieder ganz einem braunen Bären – und das hatte Henry schon das erstemal nicht gefallen.

Der Abteilungsleiter kam auf sie zu. An Henrys Gesichtsausdruck sah er, daß er unentschlossen war, deshalb wandte er sich an Pietro, der ganz genau zu wissen schien, was er wollte. Pietro hielt ihm die Büchsen entgegen.

«Farbe nickt gutt», sagte er.

Der Abteilungsleiter erinnerte sich, daß er Henry von einer stumpfen, steingrauen Farbe abgeraten hatte, und war sofort bereit, Pietro zu helfen. Henrys undeutliches Gemurmel: «Ach, sie ist schon recht. Ich behalte sie!» überhörte er.

Er zeigte Pietro eine Farbkarte, und Pietro wählte ein ganz helles Sahneweiß, ein leuchtendes Blau und ein Schwarz.

«Viele viele Crema, wenig Blau, wenig wenig Swartz», sagte er.

Das Interesse des Abteilungsleiters war sofort geweckt.

trigued. He tried to discover what design Pietro had in mind, and Pietro demonstrated as best he could, attracting a lot of attention from other shoppers, who began to gather round. Henry became most uncomfortable.

"I won't have it at any price," he protested, "everyone who goes past will die laughing."

"Ah, garn!" said a big voice from the back. "Let him have a go. It couldn't look any worse than it's looked for the last twenty years."

Then a couple of ladies joined in.

"How interesting!" said one. "The Italians are so artistic, aren't they?"

The other one said, "I remember seeing the adorable Italian cottages painted just like that; you must let us come and see it, Mr. Holden." She happened to be the wife of Henry's long-suffering mortgagee, and her word carried some weight with him. Quite a number of others voiced favourable opinions before Henry and Pietro carried out their cream, blue and black paint.

Pietro took endless pains over the painting, and all the time he was at it Henry felt resentful, despite the fact that many people came and admired it. He comforted himself by compiling a long list of heavy jobs Pietro would have to do when he was finished. He had the interpreter prepare a translation so that there would be no "no unnerstan" business, and when at length the house was finished he gave Pietro a week's programme, consisting mainly of firewood carting and post-hole digging.

But that day it rained; a splendid soaking rain, and during the night it cleared. Henry was wakened early in the morning by the roar of the tractor starting. He was puzzled and rather

Er versuchte herauszubekommen, was für ein Muster Pietro im Sinn hatte, und Pietro skizzierte es, so gut er konnte, und zog damit die Aufmerksamkeit der andern Käufer auf sich, die sich ringsherum einfanden. Henry war es sehr peinlich.

«Das dulde ich auf keinen Fall», widersprach er, «jeder, der vorbeigeht, wird sich kranklachen.»

«Unsinn!» rief eine kräftige Stimme aus dem Hintergrund. «Lassen Sie ihn doch! Schlimmer, als es die letzten zwanzig Jahre ausgesehen hast, kann's nicht werden!»

Dann kamen einige Damen dazu.

«Wie interessant!» rief die eine. «Die Italiener haben einen so guten Geschmack, nicht wahr?»

Die andere sagte: «Ich erinnere mich, daß ich das gleiche Muster an den entzückenden italienischen Landhäuschen gesehen habe! Oh, Mr. Holden, das müssen wir uns anschauen, wenn es fertig ist, ja?» Zufällig war es die Frau von Henrys leidgeprüftem Hypothekengläubiger; ihre Ansicht durfte also nicht mißachtet werden. Noch eine ganze Anzahl andrer stimmten für Pietros Wahl, und schließlich trugen Henry und Pietro die sahnefarbenen, blauen und schwarzen Farbtöpfe aus dem Geschäft.

Pietro gab sich unendlich Mühe mit der Malerei, und die ganze Zeit war *er* es, weswegen Henry beleidigt war, obwohl viele Leute kamen und Pietros Arbeit bewunderten. Er tröstete sich damit, eine lange Liste schwerer Arbeiten aufzustellen, die Pietro machen sollte, wenn er das Haus ganz und gar angestrichen hatte. Er ließ sich vom Dolmetscher eine Übersetzung anfertigen, so daß ihm kein «Nickt verstaan» dazwischen kommen konnte, und als das Haus endlich gestrichen war, gab er Pietro ein Wochenprogramm, das zur Hauptsache aus Holzheranschaffen und Pfostenlöcherausheben bestand.

Aber an jenem Tag regnete es, ein köstlicher, sanft eindringender Landregen, und über Nacht klarte es auf. Henry wurde schon früh am Morgen durch das Geheul des Traktors geweckt. Er war verblüfft und ziemlich är-

annoyed; Pietro was up to something. Then he realized that Pietro had taken it upon himself to make the all-important decision of the year – that the time was right to start sowing the wheat.

Henry thought with some indignation of the programme he had given Pietro, but he also realized that it was much more important to get the wheat sown while the soil was moist. He lay thinking for a long time of ways in which he could reassert himself, and all the time he heard the noise of Pietro's preparations. He stayed there because he always hated the worry of working out the proportions of wheat and fertilizer, and adjusting the machines accordingly, and all the other important details necessary for a successful sowing season. When he finally went out, Pietro hurried up to him, his face aglow with enthusiasm.

"Oh, rain very nice," he said. "Terra very nice. Poseeble very good weet this year, similar Mr. Esmond."

He pointed to the tractor hitched to the sowing combine and the farm cart loaded with supplies of seed, fertilizer and tractor fuel.

"After brekfus me take trattore and wheat machine. You bring carro; allora we commence before Giuseppe and Leonardo on farm Mr. Esmond."

"O.K., Pietro," said Henry.

gerlich: Pietro hatte also etwas vor! Dann begriff er, daß Pietro es auf sich genommen hatte, die wichtigste Entscheidung des ganzen Jahres allein zu treffen. Er hatte gefunden, es sei die rechte Zeit, um den Weizen auszusäen.

Henry dachte mit einigem Unwillen an das Programm, das er Pietro ausgehändigt hatte, doch sah er auch ein, daß es viel wichtiger sei, den Weizen zu säen, solange der Boden noch feucht war. Lange Zeit lag er da und sann über Mittel und Wege nach, wie er seine Überlegenheit beweisen könnte, und währenddessen drangen die Geräusche von Pietros Vorbereitungen an sein Ohr. Er blieb im Haus, denn er hatte es von jeher gehaßt, das richtige Verhältnis von Saatgut und Düngemitteln zu berechnen und die Maschinen dementsprechend einzustellen und all die andern mühsamen Einzelheiten zu erledigen, die für eine gute Aussaat notwendig waren. Als er endlich nach draußen ging, eilte Pietro ihm mit einem vor Begeisterung glühenden Gesicht entgegen.

«Oh, Regen särr gutt!» sagte er. «Terra särr gutt! Vielleicht dies Jahr Weizen särrr guttt, so ähnlich wie Mr. Esmond.»

Er deutete auf den Traktor, den er mit der kombinierten Säe- und Düngemaschine zusammengekoppelt hatte, und auf den Farmwagen, der mit der Saat, dem Düngemittel und dem Brennstoff für den Traktor beladen war.

«Nach dem Frühstück ich nehmen Trattore und Sämaschine. Sie bringen Wagen; wir allora anfangen vor Giuseppe und Leonardo auf Farm von Mr. Esmond.»

«Ist recht, Pietro», sagte Henry.

During the last few years a number of other homes had been built down the road at Durilgai in which Parkers had always lived. There were the original few weatherboard homes, of which the landscape had taken possession, and which had been squeezed back from the road, it seemed, by other developments. The wooden homes stood, each in its smother of trees, like oases in a desert of progress. They were in process of being forgotten, of falling down, and would eventually be swept up with the bones of those who had lingered in them, and who were of no importance anyway, either no-hopers or old. If the souls of these old cottages disturbed, any uneasiness can almost be excluded from the brick villas simply by closing windows and doors and turning on the radio. The brick homes were in possession all right. Deep purple, clinker blue, ox blood, and public lavatory. Here the rites of domesticity were practised, it had been forgotten why, but with passionate, regular orthodoxy, and once a sacrifice was offered up, by electrocution, by vacuum cleaner, on a hot morning, when the lantana hedges were smelling of cat.

There were the old inconsiderable wooden houses, there were the waterproof brick ones. There was also another kind, which caused resentment, and against which it was hoped the Council would revise its policy. There were the homes in fibro-cement. These were to be found in outcrops, of a different stratum. It was in their favour, of course, that they could last only a little while. But for how long? In the mean-

Patrick White
Sich zurückziehen

Während der letzten Jahre waren in Durilgai an der Straße, an der Parkers wohnten, eine Reihe neuer Häuser gebaut worden. Da waren zunächst die paar alten Holzhäuser, von denen die Landschaft Besitz ergriffen hatte und die, wie es schien, die Entwicklung von der Straße weggedrückt hatte. Diese Holzhäuser waren, jedes in seiner Hülle von Bäumen, wie Oasen in der Wüste des Fortschritts. Sie würden im Laufe der Entwicklung vergessen werden, zerfallen, und schließlich würden sie mit dem Gebein derer, die in ihnen gehaust hatten, weggefegt werden, denn diese Bewohner waren bedeutungslos, sie waren entweder alt oder Menschen ohne Hoffnung.

Wenn der Geist dieser alten Hütten störend wurde, so konnte man ihn aus den Backsteinvillen aussperren, indem man Türen und Fenster schloß und das Radio andrehte. Die Backsteinhäuser beherrschten die Lage. Ein tiefes Purpurrot, Klinkerblau, Ochsenblut und öffentliche Bedürfnisanstalt. Hier wurden die Riten der Häuslichkeit vollzogen, man hatte vergessen, warum, aber man tat es mit leidenschaftlicher, gewohnheitsmäßiger Strenggläubigkeit, und einmal, am Morgen eines heißen Tages, wenn die Lantanahecken nach Katzen rochen, wurde ein Opfer dargebracht, mit Hilfe eines Staubsaugers wurde das Opfer elektrisch getötet.

Es gab die unbedeutenden Holzhäuser, und es gab die wasserdichten Ziegelhäuser. Außerdem gab es noch eine dritte Art von Häusern, die viel Widerspruch erregten, und man hoffte, daß die Gemeindeverwaltung ihre Politik, was diese Häuser betraf, ändern werde. Es waren dies die Häuser aus Faserplatten. Sie traten wie Gesteinsschichten in verschiedenen Lagen ans Tageslicht. Es war natürlich ihr Vorteil, daß sie nicht lange halten konnten. Aber wie lange würden sie halten? Inzwischen lebten in

time human beings went through the motions of living in them. Young couples locked their doors and left their homes as if they were not open. A child had kicked a hole in one, for fun. And at night the fibro homes reverberated, changed their shape under the stress of love or strife, changed and returned, standing brittle in the moonlight, soluble in dreams.

All of this which was going on all round them affected and did not affect Parkers. It did not affect them in that they had reached an age where all that was happening visibly was hardly credible. Past events in recollection will splinter brick and distribute the fragments. What is still to happen must flow with a parallel, not with the same stream. Where it did affect these old people more credibly was that their property had been subdivided and most of it sold up.

This began to happen not long after Mr Parker had his illness. Implacable cows stood in the mellow evenings, or in the mornings, stood rubbing their necks against the grey posts. The man, who continued to go down as usual, but tauter than before, sometimes with a tingling in his skin that made him smile unexpectedly, and his wife, who was troubled by her leg, besides having grown rather big behind, and old, and resentful, clung to the cows as a motive of existence, and dared not substitute another. Like many old people who have been wound up, they could not regulate themselves, they were afraid of breaking down. So they continued to plod. It was hand milking too. Mr Parker would not have the machines because, he said, he knew they were no good on the teats. Younger men sniggered at old Parker, who had, in any case, only a handful of cows in what had be-

ihnen menschliche Wesen. Junge Paare schlossen die Tür ab und verließen ihr Haus in dem Glauben, daß es wirklich verschlossen sei. Ein Kind stieß aus Spaß mit dem Fuß an eine Wand, und es gab ein Loch. Und des Nachts erzitterten die Faserplattenhäuser, veränderten ihre Form unter dem Druck von Liebe oder Streit, änderten sich und nahmen die alte Form wieder an und standen zerbrechlich im Mondlicht, als könnten sie sich in Traum auflösen.

All dies ging um Parkers herum vor, es betraf sie und betraf sie auch nicht. Es betraf sie nicht mehr, da sie ein Alter erreicht hatten, wo alles, was sichtbar geschah, kaum noch glaubhaft schien. Vergangene Geschehnisse, wenn man sich an sie erinnert, lassen die Bausteine zersplittern und verstreuen die Splitter. Was noch geschehen soll, muß parallel zum alten Strom fließen, nicht im alten Bett. Was die alten Leute deutlicher betraf, war das Bewußtsein, daß ihr Eigentum aufgeteilt und das meiste davon verkauft war.

Die Aufteilung hatte kurz nach Mr. Parkers Krankheit begonnen. Die Kühe standen unbeirrbar im weichen Abend oder im Morgen und rieben ihre Hälse gegen die grauen Pfosten. Der Mann, der zu ihnen hinunter ging wie gewöhnlich, aber steifer als früher, und manchmal ein Prickeln in der Haut spürte, das ein unerwartetes Lächeln auf sein Gesicht rief; und seine Frau, die ein schlimmes Bein hatte und dick und kalt und grämlich geworden war: für sie beide waren die Kühe ein Lebenszweck, und sie wagten nicht, einen anderen an die Stelle zu setzen. Wie viele alte Leute, die in eine Tretmühle eingespannt sind, konnten sie sich nicht selbst daraus befreien; sie hätten gefürchtet, zusammenzubrechen.

So fuhren sie fort, sich abzurackern. Sie molken noch mit der Hand. Mr. Parker wollte keine Melkmaschine, er sagte, sie sei nicht gut für die Kühe. Jüngere Männer machten sich über den alten Parker lustig, der sowieso nur eine Handvoll Kühe hatte in einem Ort, der praktisch zu einer Vorstadt geworden

come practically a suburb. It was so unimportant to most people that they did not bother to think about it. But it was obvious that something would have to be done.

Then Mrs Fodyke, the daughter, drove down in her own car, they had two. Most people did not know Mrs Forsdyke, or had known and forgotten that this was Thelly Parker. Those who might have remembered, she did not encourage, narrowing her eyes until the skin almost obscured her conscience. Those who had never known, she was above, so slid past in her smooth black car, which quickly left behind all that was in any way mediocre or in bad taste.

The father was waiting for his daughter to come. His eyelids and his wrists had gone a bit scaly, but his teeth were still strong and good. He smiled at her.

"What is it all about then, Thel?"

Because Mrs Forsdyke had suggested in a note that there was something she *wished* to talk about. She favoured that verb, which was discreet but firm.

"Oh," she laughed, looking at him, enjoying this distant relationship with a simple old man, at the same time, secretly, her father, "it is a little plan. Which I hope will appeal to you. Not because it is mine, or that I want to force anything, but it is so reasonable. Dudley agrees."

Mrs Forsdyke was one of those women who enlist their husbands when they expect to meet resistance.

"You are looking a little tired, dear," she said, getting from her car and approaching her father.

war. Für die meisten Leute war es so wenig wichtig, daß sie es nicht für der Mühe wert hielten, darüber nachzudenken. Aber es war klar, daß irgend etwas geschehen mußte.

Dann kam Mrs. Forsdyke, die Tochter, in ihrem eigenen Wagen. Sie hatten jetzt zwei. Die meisten Leute kannten Mrs. Forsdyke nicht, oder sie hatten sie gekannt, aber wußten nun nicht, daß dies Thelly Parker war. Sie ermutigte keinen, der sich vielleicht hätte erinnern können. Sie kniff die Augen zusammen, bis die Lider ihr Wissen und Gewissen verdunkelten.

Sie fühlte sich erhaben über Leute, die sie gar nicht kannte. In ihrem eleganten schwarzen Wagen glitt sie an ihnen vorüber, in dem Wagen, der schnell alles, was irgendwie mittelmäßig oder geschmacklos war, hinter sich zurückließ.

Der Vater erwartete seine Tochter. Seine Augenlider und seine Handgelenke waren ein wenig schuppig geworden, aber seine Zähne waren noch stark und schön. Er lächelte ihr zu.

«Was ist los, Thel?»

Denn Mrs. Forsdyke hatte in einem Briefchen angedeutet, daß sie etwas mit ihnen zu besprechen wünsche. Sie hatte eine Vorliebe für das Verb *wünschen*, das sowohl Diskretion wie Festigkeit ausdrückte.

«Oh», sagte sie lachend. Sie sah ihn an und freute sich der entfernten Beziehung zu dem einfachen alten Mann, der zugleich insgeheim ihr Vater war, «ich habe einen kleinen Plan. Ich hoffe, daß er euch gefällt. Nicht, weil es mein Plan ist oder weil ich etwas erzwingen möchte, aber es wäre so vernünftig. Auch Dudley ist meiner Meinung.»

Mrs. Forsdyke war eine von den Frauen, die sich Rükkendeckung durch ihren Mann sichern, wenn sie fürchten, auf Widerstand zu stoßen.

«Du siehst ein bißchen müde aus, Papa», sagte sie; sie stieg aus dem Wagen und kam auf ihren Vater zu.

She kissed him too. Cultivating exhaustion herself, she frequently wished it on to other people. But her father's skin was alive, she noticed, and she flushed, as much as her blood was capable of. She was a frail woman, but gristly, carrying a crocodile bag.

"I am not more tired than I ever was," said the old man.

"No, Dad," said the daughter, picking snails off a bush and crushing them with her shoe, "if you are not tired, then you are not."

She winced for the snails, but did glance back in curiosity.

"You love those cows too much ever to be tired," Mrs Forsdyke said.

There is no question of loving the cows," said the old man. "The cows are all right. But I am not married to them, as they say."

"I had always thought," said his daughter, "that a man was indissolubly married to his cows."

The old man made a noise.

"But if he is not," said Thelma Forsdyke, "then it is easy."

"How, easy?"

"To send them off in one of those things. What is it? A float. And stay in bed later the next morning, to see whether you like it, and then when you do, stay in bed late the following morning. Until you are used to doing nothing. Oh, when I say *nothing*, I mean you can have a hobby. There is this carpentry you have taken up. It must be great fun. Fresh wood does smell so pleasant. And you have never been anywhere. Well, you can go. With poor Mother. You can come to us sometimes on a Sunday. Normally we are very quiet. On

Sie küßte ihn sogar. Da sie selber ihre Erschöpfung hätschelte, wünschte sie sie oft auch anderen Leuten. Aber die Haut ihres Vaters war voller Lebenskraft, und sie spürte das und errötete, so gut ihr Blut dazu imstande war. Sie war eine magere, aber zähe Frau mit einer Krokodilledertasche.

«Ich bin nicht müder, als ich immer war», sagte der alte Mann.

«Gut, Papa», sagte die Tochter, sammelte Schnecken von einem Busch und zertrat sie mit ihrem Schuh, «dann bist du also nicht müde.»

Sie schüttelte sich wegen der Schnecken, warf ihm aber doch einen forschenden Blick zu.

«Du liebst diese Kühe zu sehr, um jemals müde zu sein.»

«Von Lieben gar keine Rede», sagte der alte Mann. «Die Kühe sind mir lieb und wert. Aber ich bin nicht mit ihnen verheiratet, wie man so sagt.»

«Ich hatte immer gemeint», sagte seine Tochter, «daß ein Bauer auf Lebenszeit mit seinen Kühen verheiratet ist.»

Der alte Mann gab einen Laut von sich.

«Wenn es nicht so ist», sagte Thelma Forsdyke, «dann ist es einfach.»

«Wieso einfach?»

«Dann kann man sie ja einfach in einem dieser Dinger wegschicken. Wie heißen sie noch? Viehwagen. Und dann bleibst du am nächsten Morgen länger im Bett, um auszuprobieren, ob dir das gefällt, und wenn es dir gefällt, bleibst du am nächsten Morgen lange liegen. Bis du dich daran gewöhnt hast, nichts zu tun. Oh, wenn ich sage: *nichts*, so meine ich natürlich nicht, daß du nicht eine Liebhaberei haben kannst. Du hast doch zu schreinern angefangen. Das muß doch Spaß machen. Frisches Holz riecht so gut. Und du bist noch nie irgendwo anders gewesen. Jetzt kannst du fahren. Mit der armen Mutter. Du kannst manchmal Sonntags zu uns kommen. Meistens

Sundays everybody is home. With their families. Wouldn't you like that?"

Stan Parker did not say whether he would like. He would, certainly, have liked to sit a long time and watch the passage of a snail which had survived the foot. He would sit, and in his own time retrace his own path, thin and silver, through the mists. But he did not speak.

Old people are easily hurt, considered Thelma Forsdyke with impatience. If it had been a little child, of course she did not have one, she could have planted in it her own mind, and watched it grow, like the mango tree from sand. Forgetful of her own childhood since she had ceased to live, she had not failed to evolve theories. This old child might be difficult, though.

In fact, he was not. He would think, he was already thinking, about what his daughter had said. He could give up, if not for those reasons, to those ends. Thelma is silly, he said, I am not that imbecile, but she has got something. He could give up as she suggested, more even, land even, even his life, simply because it was not his to keep. It had become blindingly obvious.

He was looking pale, for him.

"You will see," said Thelma, patting his hand, "how much better you will feel for the rest."

Because he did not resist, then or later, on that passive morning she went away filled with pity and complacency, pity because the poor old fellow was growing senile, and complacency as the mentor of simple people's lives. She drove off joyfully, mistaking instrumentality for power.

ist es ganz still bei uns. Sonntags sind alle Leute bei ihrer Familie. Würde dir das nicht gefallen?»

Stan Parker sagte nicht, ob ihm das gefallen würde. Sicherlich hätte er gern lange da gesessen, um den Weg einer Schnecke zu verfolgen, die dem Fuß entgangen war. Er würde dasitzen und seinen eigenen Weg zurückverfolgen, der dünn und silbrig durch den Nebel lief. Aber er sagte nichts.

Wie leicht alte Leute verletzt sind, dachte Thelma ungeduldig. Wenn er ein kleines Kind gewesen wäre, natürlich hatte sie keins, so hätte sie ihm ihren eigenen Geist eingepflanzt und sein Wachstum beobachtet, wie das Wachstum eines Mangobaumes auf sandigem Boden. Da sie aufgehört hatte zu leben, hatte sie ihre eigene Kindheit vergessen, aber sie hatte sich Theorien über die Kindheit gebildet. Dies alte Kind könnte freilich Schwierigkeiten machen.

Aber er machte keine. Er würde das, was seine Tochter gesagt hatte, überdenken, er tat es jetzt schon. Er konnte aufgeben, wenn auch aus anderen Gründen, zu anderen Zwecken. Thelma spinnt, dachte er, ich bin nicht so kindisch, wie sie meint. Aber es ist etwas richtig an dem, was sie sagt. Er konnte aufgeben, wie sie vorgeschlagen hatte, sogar mehr, sogar Land, sogar sein Leben, einfach weil er es nicht festhalten konnte. Das war ihm erschreckend deutlich geworden.

Er sah ungewohnt blaß aus.

«Du wirst sehen», sagte Thelma und tätschelte seine Hand, «um wieviel besser du dich fühlst, wenn du Ruhe hast.»

Weil er keinen Widerstand leistete, auch später nicht an diesem lähmenden Morgen, ging sie voller Mitleid und Nachsicht davon, Mitleid, weil der arme alte Kerl kindisch wurde, und Nachsicht, weil sie sich als Lenkerin des Schicksals einfacher Leute fühlte. Sie fuhr vergnügt davon; sie glaubte, Macht zu haben, und war doch nur ein Werkzeug.

After she had gone Stan Parker walked about his property, slowly, and with all the appearance of aimlessness, which is the impression that spiritual activity frequently gives, while all the time this communion of soul and scene was taking place, the landscape moving in on him with increased passion and intensity, trees surrounding him, clouds flocking above him with tenderness such as he had never experienced. He could have touched the clouds. Now, when he should have been detached, he was nervous, whipping his trouser leg with a little stick. For this scene which was his, and which was not, was too poignant. So he stopped to watch some ants dragging a butterfly's wing through a desert of stones. A convinced activity of tingling ants. Then suddenly he twitched the wing away. He tossed it into the sunlight, where it fluttered and shimmered, rightly restored to air, but while it was still floating and falling he went away, shaken by the ruthlessness of divine logic.

And they began soon after this to sell off Parkers' property by lots. It was easily accomplished, because it was desirable land, in a district that was being opened up. The old man did not take a direct hand in the business transactions, because his son-in-law was there, and, more actively, his daughter. He let other people work the necessary but insignificant machinery of this phase. It pleased those concerned, his respect and docility emphasizing their superior gifts, and soon they had developed a sentimental attitude towards what might otherwise have been his mediocrity. The
198 poor old man, they smiled, has no business
199 sense. So they went out of their way to see that

Als sie gegangen war, schritt Stan Parker langsam durch sein Eigentum. Scheinbar ziellos ging er umher, wie es bei geistiger Konzentration oft geschieht; die ganze Zeit hindurch ereignete sich die Vereinigung der Seele mit dem Schauplatz; die Landschaft drang mit gesteigerter Leidenschaft und Intensität auf ihn ein, Bäume umgaben ihn, Wolken ballten sich um ihn mit einer Zärtlichkeit, wie er sie nie gespürt hatte. Er hätte die Wolken berühren können.

Jetzt, da er von allem losgelöst sein sollte, wurde er unruhig, schlug mit einem Stöckchen gegen sein Hosenbein. Denn dieser Schauplatz, der ihm gehörte und ihm doch nicht gehörte, war überwältigend. Darum beugte er sich nieder, um die Ameisten zu beobachten, die einen Schmetterlingsflügel durch eine Steinwüste schleppten. Der zwanghafte Eifer wimmelnder Ameisen! Plötzlich ergriff Parker den Flügel. Er warf ihn ins Sonnenlicht, wo er, der Luft, seinem Element, zurückgegeben, hin und her schwang und schimmerte. Während der Flügel noch schaukelte und sank, ging Parker davon, erschüttert von der Unerbittlichkeit der göttlichen Logik.

Bald danach begann man, Parkers Besitz zu parzellieren und zu verkaufen. Das bot keine Schwierigkeit, denn das Land in diesem Bezirk, der gerade erschlossen werden sollte, war begehrt. Der alte Mann nahm nicht direkt an den Verhandlungen teil, denn sein Schwiegersohn und mit noch größerem Eifer seine Tochter hatten die Sache in die Hand genommen.

Die nötigen aber nicht wesentlichen Formalitäten überließ er anderen. Den Beteiligten war das recht. Seine Zurückhaltung und Fügsamkeit schienen ihre Überlegenheit zu bestätigen, und bald betrachteten sie voller Rührung das, was sie sonst seine Beschränktheit hätten nennen können. Der arme alte Mann, sagten sie lächelnd, hat keine Ahnung von Geschäften. Und sie bemühten sich, so gut sie konnten, daß

he was not taken down by anyone, not even by themselves.

When the land was sold Parkers did have three or four acres left. They had the gully at the back and one paddock at the side. They had a house cow with asymmetrical horns, and Mr Parker grew a few cabbages in winter, between the rows of which his wife strolled, in an old cardigan, on warm days, and stooped to pull a blade of grass that had come up out of place.

One day as Amy Parker was walking between the cabbages, as was her custom now, she was trying to remember something. Some restlessness had begun to possess her, of association. Then it was her youth that began to come back in the world of cabbages. She heard the dray come up with the mound of blue cabbages, and the snap of straps in the frost, as putting her shoulders through the window she spoke to her husband. She was remembering all mornings. And the little ears of cabbage seedlings that he stuck into the earth, into the holes that he had made with a shovel handle. She remembered the arms of her husband as they worked in the sunlight, the little hairs on the forearms and the veins at the wrists. It seemed to her suddenly as if she would not see him again.

So she hurried along the rows of cabbages, they were big, green, bursting ones, unlike those evanescent plants that shimmer in the field of memory, she hurried to be with her husband, who was never far from her, they could not have escaped from each other had they wished.

200 "Why don't we sell some of these cabbag-
201 es?" she asked irritably when she had come

er von keinem, auch von ihnen selbst nicht, übervorteilt würde.

Als das Land verkauft war, blieben den Parkers noch drei oder vier Morgen. Das Bachbett hinterm Haus gehörte ihnen noch und eine Weide an der Seite. Sie hatten noch eine Kuh mit ungleichen Hörnern, und Mr. Parker pflanzte in der kalten Jahreszeit etwas Kohl. An warmen Tagen ging seine Frau in einer alten Strickjacke zwischen den Reihen der Kohlköpfe herum und bückte sich, um einen Grashalm auszuzupfen, der dort nicht hingehörte.

Als Amy Parker eines Tages wieder zwischen den Kohlpflanzen umherging, wie sie es jetzt immer tat, fühlte sie sich plötzlich an irgendetwas erinnert. Irgendeine Unruhe hatte sie erfaßt, durch irgendeine Gedankenverbindung. Ach ja, es war ihre Jugend, die aus dieser Welt der Kohlköpfe aufzusteigen begann. Sie hörte den Karren herankommen mit seinem Hügel von blauen Kohlköpfen, sie hörte das Schnappen der Lederriemen im Frost, wenn sie sich aus dem Fenster beugte, um mit ihrem Mann zu sprechen. Sie erinnerte sich an jeden solchen Morgen. An die kleinen Ohren der Kohlpflanzen, die er in die Erde steckte, an die Löcher, die er mit dem Spatenstiel gemacht hatte. Sie erinnerte sich an die Arme ihres Mannes, wenn er im Sonnenschein arbeitete, an den Flaum auf den Unterarmen und die Adern auf den Gelenken. Plötzlich war ihr zumute, als ob sie ihn nicht wiedersehen würde.

Darum eilte sie durch die Reihen der Kohlpflanzen – es waren große, grüne, pralle Köpfe, anders als die verblassenden Pflanzen, die auf den Feldern der Erinnerung schimmern.

Sie eilte, um bei ihrem Mann zu sein, der nie weit von ihr weg war. Sie hätten einander nicht entfliehen können, selbst wenn sie gewollt hätten.

«Warum verkaufen wir nichts von diesem Kohl?» sagte sie gereizt, als sie neben ihrem Mann stand, der ein paar

to where he was digging of few potatoes for their tea. "There are more than we can use. We shall be sick of blessed cabbage."

"It will not be worth the trouble," said Stan Parker. "For a few bob. And the business of carting them to market."

"Then what are we to do with them?" she asked, kicking one of these bright and rubbery vegetables.

She was standing lost amongst the cabbages, and intended perhaps that he should become lost too.

"We shall eat some," he said, looking down, because she had at least deterred him. "And give some. The cow could eat a fair few. We shall think of other ways," he said.

Then they were standing there, and what had been bright jewels in the field of past and present were ludicrous lumps of cynical rubber.

"You get worked up over nothing," he said tautly.

To explain it that way.

"I like to know the reason for things," she said, looking at and unravelling a frayed bit of the old cardigan that she wore.

But he could not explain their continued existence in that same plot of cabbages, and magpies came over, and jolly peewits, and little anonymous birds, descending and picking in the moist earth, as if the man and woman had not been there.

Other people, Thelma, for instance, say that when you are at a loss you must do things, you must take up carpentry, or knit a jumper, or go
202 on a trip somewhere. Amy Parker, who was
203 ignorant, did not in herself believe that there

Kartoffeln fürs Abendessen ausgrub. «Es ist doch mehr, als wir brauchen können. Der gräßliche Kohl wird uns noch zum Hals herauskommen.»

«Es würde den Aufstand nicht lohnen», sagte Stan Parker. «Für die paar Schillinge. Und erst noch mühselig zum Markt fahren.»

«Was sollen wir also dann damit tun?» sagte sie und stieß mit dem Fuß gegen einen der blanken, prallen Köpfe.

Sie fühlte sich verloren zwischen den Kohlköpfen und wollte vielleicht, daß er sich auch verloren fühlte.

«Einen Teil essen wir», sagte er und sah zu Boden, denn sie hatte ihn zumindest aufgehalten. «Einen Teil verschenken wir. Die Kuh kann eine ziemliche Menge fressen. Für den Rest wird mir schon etwas einfallen», sagte er.

Da standen sie nun, und was auf dem Feld der Vergangenheit wie Juwelen gestrahlt hatte, waren nur noch lächerliche Klumpen aus bitterem Gummi.

«Du kannst dich wegen nichts und wieder nichts aufregen», sagte er steif.

Damit wollte er ihre Gereiztheit erklären.

«Ich will nur wissen, was es für einen Sinn hat», sagte sie. Sie sah eine ausgefranste Stelle an ihrer alten Wolljacke und zupfte an der Wolle.

Aber er konnte nicht erklären, warum sie immer noch auf dem gleichen Kohlfeld lebten, und Elstern kamen herbei und lustige Kiebitze und kleine Vögel, deren Namen er nicht kannte; sie ließen sich auf der feuchten Erde nieder und pickten, als ob der Mann und die Frau nicht da ständen.

Andere Leute, zum Beispiel Thelma, sagen, daß man, wenn man nicht mehr weiter weiß, etwas tun muß. Man muß eine Schreinerarbeit anfangen, einen Pullover stricken oder verreisen. Amy Parker, die ahnungslos war, glaubte nicht, daß es einen Ausweg aus der Verwirrung

is any exit from confusion, except by living it out, though she did once try the other, making joke of it, laughing at themselves, while hoping, she said. "Why don't we go somewhere for once? Go to the city at least, I mean on a proper visit, before we die. Do something, I mean. Even if we are disappointed we shall know."

Her husband wondered what it would cost, probably a good deal. Though he was not mean. He was cautious. And the wife laughed, ashamed that she had suggested such foolishness, and was glad that they would not go. Many horrors were visualized. Even a day's journey made her constipated. They were upset by meat that was not boiled. They ate junket from the milk of their own cow. So they would not go.

Then quite suddenly they were going to the city. It was decided one evening. It was intended that they should spend a week, in a reasonable hotel, and that Jack Finlayson should come in to milk the cow and throw a bit of pollard to the fowls. Stan Parker's hands were shaking with this decision. His wife was red. She had grown rather full-blooded, and now the fine perspiration was at her temples and above her mouth.

"I will go to the sea," she said, laughing greedily. "And sit beneath those pine trees and watch the water coming in."

"What good will that do you?" asked the husband, spilling the tobacco he was manipulating.

"You would not know," she said, as if she did.

Because she had never succeeded in loving him in full measure, there were times when she must hurt. Only he was no longer hurt.

gebe; man müsse das einfach durchstehen. Aber einmal versuchte sie es doch anders. Sie tat, als ob alles zum Lachen wäre, auch sie beide selbst. Und dabei war sie nicht ohne Hoffnung; sie sagte: «Warum fahren wir nicht endlich einmal wohin? Laß uns wenigstens in die Stadt fahren, bevor wir sterben, ich meine, zu einem richtigen Besuch. Ich meine, etwas unternehmen. Und wenn wir enttäuscht sind, wissen wir immerhin, wie es ist.»

Ihr Mann überlegte, was es kosten würde, wahrscheinlich eine Menge Geld. Er war nicht geizig, er war nur vorsichtig. Und die Frau lachte und schämte sich, daß sie so etwas Törichtes vorgeschlagen hatte, und war froh, daß sie nicht fahren würden.

Mancher Schrecken trat ihr vor die Augen. Schon bei einem Tagesausflug machte ihr die Verdauung zu schaffen. Sie beide vertrugen nur gekochtes Fleisch. Sie aßen Rahmkäse von der Milch ihrer eigenen Kuh. Sie würden also nicht reisen.

Dann beschlossen sie plötzlich eines Abends, doch in die Stadt zu fahren. Sie würden eine Woche in einem anständigen Hotel wohnen. Jack Finlayson würde herüberkommen, um die Kuh zu melken und den Hühnern ein wenig Kleie hinzuwerfen. Stan Parkers Hände zitterten, als sie den Entschluß gefaßt hatten. Seine Frau war rot im Gesicht. Sie war ziemlich vollblütig geworden, und jetzt zeigten sich an ihren Schläfen und auf der Oberlippe feine Schweißtröpfchen.

«Ich werde an den Strand gehen», sagte sie und lachte gierig. «Ich werde unter den Kiefern sitzen und zusehen, wie die Flut hereinkommt.»

«Was versprichst du dir davon?» sagte der Mann und verschüttete den Tabak, mit dem er gerade hantierte.

«Das würdest du nie verstehen», sagte sie, als ob sie es verstände.

Da es ihr nie gelungen war, ihn ganz vorbehaltlos zu lieben, mußte sie ihm manchmal weh tun. Aber er spürte es nicht mehr.

Anyway, the two old people did go. They spent a week in a modest hotel; the could have afforded better but were afraid that people might look at their clothes. So they chose one in which the linoleum was a bit worn. They apologized to the young lady in depositing their key. It was not their words exactly, it was their attitudes.

But they were pleased. (...)

Their return was such a return to habit that Stan Parker was soon able to reject his presentiment of death. Not deliberately. Rather, the incident slipped from him. Habit supersedes thought, or extracts the sting from it. He went about smiling more often than not on those jobs which were necessary, or which he made in order to do, and although that smile was somewhat abstracted, everybody read it as a sign of contentment and amiability. He had acquired a reputation for being a good-natured old cove, and who is a neighbour to inquire beyond the mechanics of the face into the states of soul?

The old man was evidently very tranquil, though. He had taken up netting, and was making some nets to assist a pair of ferrets he had bought. Soon he was going about, down the gully at the back of the house, and round such country as was not yet built over, carrying his ferrets in a little box in the centre of his back, carrying also an old and rather heavy gun, and followed by a dusty black dog that had the canker in one ear.

That evening which Stan Parker would con-
206 tinue to remember for the incident that oc-
207 curred was one of the still evenings of winter,

Jedenfalls machten die beiden Alten sich auf ihre Reise. Sie wohnten eine Woche lang in einem bescheidenen Hotel. Sie hätten sich ein besseres leisten können, aber sie hatten Sorge, die Leute dort würden sich über ihre Kleider wundern. Deshalb wählten sie eins, wo das Linoleum schon ein wenig abgetreten war. Sie entschuldigten sich bei dem Fräulein, wenn sie ihren Schlüssel abgaben, weniger durch Worte, als durch ihre Haltung.

Aber es gefiel ihnen. (...)

Ihre Rückkehr war so sehr eine Rückkehr zur Gewohnheit, daß Stan Parker seine Todesahnung bald wieder abschütteln konnte. Er tat es nicht bewußt, es war eher so, daß das Erlebnis ihm entglitt. Gewohnheit legt sich wie Staub über die Gedanken und nimmt ihnen die Schärfe. Meistens ging er lächelnd seiner Arbeit nach, ob sie notwendig war oder ob er sie tat, um etwas zu tun.

Obwohl sein Lächeln etwas Abwesendes hatte, nahm jeder es als ein Zeichen von Zufriedenheit und Güte. Er hatte sich den Ruf erworben, ein gutmütiger alter Bursche zu sein, und welcher Nachbar ist schon fähig, hinter den mechanischen Bewegungen der Gesichtsmuskeln den wahren Zustand einer Seele zu erkennen?

Aber daß der alte Parker ein stiller Mensch war: das war offenkundig. Er hatte angefangen, auf Kaninchenjagd zu gehen, hatte sich Netze gemacht, um mit zwei Frettchen, die er gekauft hatte, zu jagen. Bald zog er los, das Bachbett hinunter, das hinter dem Hause verlief, durch lauter unbebautes Gelände. Er trug die Frettchen in einer kleinen Kiste auf dem Rücken; ferner trug er ein altes, ziemlich schweres Gewehr; und hinter ihm her ging ein staubig-schwarzer Hund, dessen linkes Ohr von Krebs angefressen war, folgte ihm.

Der Abend, an den Stan Parker wegen des folgenden Geschehnisses nunmehr immer denken sollte, war einer der stillen Winterabende, an denen sich der Wind gelegt

when wind has dropped, yet a cold stream of air is flowing, like water almost, it is palpable, down the creek's dry course. Twigs are snapping, and a cough is blatant under the sky of two metals, of lead and copper, beneath which the old man is walking with the old dog. It is possible to believe that one is alone in this world. The stiff, needly leaves of the bushes exude no sap of kindness. But one does not ask for kindness. Rocks and silence are sufficient in themselves.

Then the old man who was walking along stubbornly on slippery feet slipped suddenly. He was an old scarecrow with wooden arms and a gun waving at the end of one of them, and the ridiculous little box of ferrets with its air-holes bumping and bouncing on his shoulder-blades. As the sky tilted he pulled the trigger of the gun. It all happened so quickly that it was searingly slow on his mind. The comet was still soaring slowly past him, hot and cold, material and fearful, as he lay on the ground, and realized he had just failed to shoot himself. The black dog was sniffing round and making sneezing noises.

Then the old man got up and walked on, with the safety-catch fixed. He was tough, of course. He had worked hard and could stand a bit of knocking about. But he walked brittly now, although erect. His eyes were smarting. Under them were red rims, like those which can be seen under the eyes of some old dogs.

The black dog which was running and limping ahead of his master began to whine at the mouth of a burrow.

"Very well then," sighed the old man in agreement.

hat, aber ein kalter Luftstrom, weht fast wie fließendes Wasser – man kann ihn auf dem Grunde des trockenen Bachbettes spüren. Zweige schnellen zurück, und der Husten widerhallt von diesem Himmel aus zweierlei Metall, Blei und Kupfer, unter dem der alte Mann mit dem alten Hund dahingeht.

Man könnte glauben, daß man allein auf dieser Welt ist. Das steife, spitze Laub der Büsche sondert kein bißchen Freundlichkeit ab. Aber man erwartet auch keine freundliche Annäherung. Die Felsen und die Stille sind sich selbst genug.

Der alte Mann, der da eigensinnig auf unsicheren Füßen daherging, glitt plötzlich aus. Es war eine lächerliche Vogelscheuche mit hölzernen Armen und einem Gewehr, das am Ende des einen Armes baumelte, und das lächerliche Kistchen mit den Luftlöchern für die Frettchen hüpfte auf seinen Schulterblättern. Als der Himmel vor ihm kippte, berührte er den Abzugshahn des Gewehrs. Es geschah alles so schnell, daß es nur ganz langsam in sein Bewußtsein drang. Er lag am Boden, und die Kugel strich immer noch langsam an ihm vorbei, ein heißer und zugleich kalter Komet, erschreckend greifbar. Da wurde ihm klar, daß er sich beinahe selbst erschossen hätte. Der schwarze Hund schnüffelte herum, es hörte sich an, als ob er niese.

Der alte Mann stand auf und ging weiter. Er hatte das Gewehr gesichert. Natürlich war er zäh. Er hatte immer schwer gearbeitet und konnte schon ein paar Schläge einstecken. Aber er ging jetzt überaus vorsichtig, wenn auch aufrecht. Seine Augen brannten, sie hatten unten rote Ränder, wie man sie unter den Augen mancher alten Hunde sehen kann.

Der schwarze Hund, der vor seinem Herrn herlief und humpelte, blieb am Eingang einer Kaninchenhöhle stehen und winselte.

«Nun, mir soll es recht sein», seufzte der alte Mann zustimmend.

He began to walk round, looking on the ground, ostensibly to find other entrances to the same burrow over which to peg the nets. But he was searching rather too aimlessly. After a bit the old man sat on a lump of anthill. He just sat. While the black dog was swinging his tail and whining. The ferrets too were turning and rattling in the suspended darkness of their habitual box.

Soon enough, thought the old man.

He was sitting in the meantime. And ants came out across the ground.

"Oh God, oh God," said Stan Parker.

He was suspended.

Then his agreeable life, which had been empty for many years, began to fill. It is not natural that emptiness shall prevail, it will fill eventually, whether with water, or children, or dust, or spirit. So the old man sat gulping in. His mouth was dry and caked. (. . .).

What is intended of me and for me? he wondered. I am ignorant.

He was not answered, though.

After a while the old man called to the old dog, that had continued to sit in front of the burrow, pointing his grey muzzle, and shaking his cankered ear, and the two went away. The man walked carefully, comforted by his continued existence beneath the evening sky.

That evening when he got in his daughter was there. She was standing in the kitchen, quizzically watching her mother prod a piece of beef in a saucepan of boiling soup, as if she had never seen such a wonderful thing happen before. All Thelma Forsdyke's visits to her par-
210 ents were touched with a humorous wonder,
211 that had come with her own success, to replace

Er ging hin und her, suchte offenbar den Boden nach anderen Ausgängen desselben Baues ab, über die er die Netze streifen konnte. Aber er suchte zu gleichgültig. Nach einiger Zeit setzte er sich auf einen Ameisenhaufen. Während der schwarze Hund wedelte und winselte, saß der alte Mann einfach da und rührte sich nicht. Die Frettchen rappelten in ihrem dunklen Käfig und sprangen hin und her.

Ihr kommt schon noch an die Reihe, dachte der alte Mann.

Er saß erst einmal eine Weile da. Ameisen krochen aus der Erde.

«O Gott, o Gott», sagte Stan Parker.

Es geschah etwas mit ihm.

Sein angenehmes Leben, das für viele Jahre leer gewesen war, begann sich zu füllen. Es ist wider die Natur, daß die Leere vorhält: Sie füllt sich letztlich doch einmal mit Wasser oder Kindern oder Staub oder Geist. So saß der alte Mann da und schluckte. Sein Mund war trocken und verkrustet. (...)

Was wird von mir erwartet, was ist mir bestimmt? dachte er. Ich weiß es nicht.

Er bekam keine Antwort.

Nach einer Weile rief der alte Mann den alten Hund, der vor dem Bau sitzen geblieben war. Der Hund hob die graue Schnauze, schüttelte sein angefressenes Ohr. Sie gingen beide weg. Der Mann ging vorsichtig, es tat ihm wohl, daß sein Leben unter dem Abendhimmel fortbestand.

Als er nach Hause kam, war seine Tochter da. Sie stand in der Küche und beobachtete spöttisch, wie ihre Mutter an einem Stück Rindfleisch in einem Topf mit kochender Suppe herumstocherte, als habe sie nie vorher einen so wunderbaren Vorgang gesehen. Wenn Thelma Forsdyke ihre Eltern besuchte, zeigte sie immer eine Art belustigtes Erstaunen, das mit ihrem eigenen Erfolg zusammenhing und ihre einstige Geniertheit verdrängt hatte. Sie kam

a former sense of shame. Her visits were fairly frequent, though almost always in the early afternoon, so that she could get home and rest before dressing for dinner. She liked a bath too, and afterwards could endure most things. After putting on her rings she was immaculate. This time, though, Mrs Forsdyke was honouring her parents for the week-end, which was altogether unusual. Did she owe or expect something perhaps? It was not clear. But she had come ensured against any possible discomfort, with a ham, and a jar of bath salts, and an exquisite little pillow filled with down, in a pink slip, on which to nurse her insomnia, on top of the coarser pillows of the house.

She had brought, too, more than the usual ration of quizzical good humour towards these comical old people, who were really rather sweet and quaint.

When her father came into the kitchen she went towards him and offered her face, and after he had kissed her said, "Why, Father, how deliciously cold your skin is. Where have you been?"

"Poking around in the gully," said Stan Parker.

The daughter, however, did not listen to his reply, which she had not expected to be of any importance. She was thinking how she preferred and even liked kissing with her father now that he was a cold old man.

"He has two blessed ferrets," said the mother.

Which once she would have resented.

I shall not tell them that I nearly killed my-
212 self, said Stan Parker.

213 It was too personal an incident to explain

ziemlich oft, meist schon am frühen Nachmittag, so daß sie noch Zeit hatte, früh genug zu Hause zu sein, um sich vor dem Abendessen auszuruhen und umzuziehen. Sie badete auch gern, und nach einem Bad fühlte sie sich für alles gewappnet. Wenn sie dann ihre Ringe angezogen hatte, fühlte sie sich makellos.

Diesmal beehrte Mrs. Forsdyke ihre Eltern zum Wochenende, was sie noch nie getan hatte. Wollte sie eine Schuld abtragen, oder erwartete sie etwas? Das war nicht zu erkennen. Um sich gegen alles mögliche Unbehagen zu sichern, hatte sie einen Schinken mitgebracht, eine Flasche Badesalz, ein besonders weiches kleines Daunenkissen in einem rosa Bezug, um es auf die gröberen Kissen des Hauses zu legen und darauf ihre Schlaflosigkeit zu hätscheln.

Sie hatte übrigens auch mehr als das übliche Quantum spöttischen Wohlwollens für die komischen alten Leute mitgebracht, die ja eigentlich ganz süß und altmodisch waren.

Als ihr Vater in die Küche kam, wandte sie sich ihm zu und hielt ihm ihr Gesicht hin, und nachdem er ihr einen Kuß gegeben hatte, sagte sie: «O Vater, wie herrlich kalt deine Haut ist. Wo bist du denn gewesen?»

«Ich hab mich im Bachtal herumgetrieben», sagte Stan Parker.

Aber seine Tochter achtete gar nicht auf seine Antwort; sie nahm nicht an, daß sie etwas zu bedeuten haben könnte. Sie dachte, um wieviel lieber als früher sie ihren Vater küßte, daß sie es sogar gern tat, seit er ein kühler alter Mann geworden war.

«Er hat zwei so dumme Frettchen», sagte die Mutter.

Früher würde sie sich dagegen gewehrt haben.

Ich darf ihnen gar nicht erzählen, daß ich mich fast umgebracht hätte, dachte Stan Parker.

Der Vorfall hatte ihn zu nahe betroffen, als daß er ihn hätte überzeugend erklären können. Er gehörte schon zu

convincingly. It was already part of his submerged half. So he sat cutting his meat, at a great distance, and listening vaguely to his wife tell their daughter the story of other lives.

dem verborgenen Teil seiner selbst. So saß er abwesend da und schnitt sein Fleisch und hörte mit halbem Ohr, wie seine Frau und ihrer beider Tochter sich vom Leben anderer Leute erzählten.

Die englischen Texte (mit Ausnahme von White) sind zitiert nach der Anthologie «Australian Short Stories», herausgegeben von Walter Murdoch und H. Drake-Brockman, Oxford University Press.

Die Übersetzungen (mit Ausnahme von White) sind zum ersten Mal erschienen in dem Band «Australische Erzähler», herausgegeben von Elisabeth Schnack, Walter Verlag, Olten und Freiburg im Breisgau 1961. Elisabeth Schnack hat ihre Übersetzungen in Zusammenarbeit mit dem dtv für diese Paralleldruck-Ausgabe überarbeitet. Es war allem Anschein nach die letzte literarische Arbeit ihres Lebens.